U0067525

普天之下・盡是好書
普天出版家族
Popular Press Family
凌雲
A-Plus Creative Company
文創

沒有痛苦的磨練，就無法突破瓶頸和困境

折磨你的人，就是你的貴人

Love Your Enemy

超越困境篇

伽利略曾經寫道：「生命有如鐵砧，愈被敲打，愈能生出火花。」
人生的過程當中，受盡折磨和艱苦並非壞事，因爲，有什麼樣的經驗，結果就成爲什麼樣的人，經驗越豐富，人的個性就越堅強。千萬要記住，只有體驗過被磨練的痛苦，才能體會到生命的快樂和眞正的意義。
每個折磨你的人，都是你生命中的貴人！他們正用不同的方式幫助你成長。如果沒有這些人反覆磨練你的心智，培養你的抗壓能力，遭遇失敗挫折的時候，你就難以戰勝眼前的困境。

凌越 編著

• 出版序 •

折磨你的人，就是你的貴人

接受各種來自命運或環境的折磨，其實並不是什麼壞事，唯有遭遇過「酷寒的北風」，人才能鍛鍊出堅毅不撓的個性和鍥而不捨的奮戰精神。

折磨你的人，往往就是你的貴人。想出人頭地，就必須調整自己的想法，改變害怕折磨的心態，才能看見璀璨的未來。

法國文豪羅曼羅蘭曾說：「累累的心靈創傷，就是生命給你的最好東西，因為，每個創傷上面都標誌著邁向成功之路的記號。」

的確，平靜的湖面，訓練不出精幹的水手，安逸的環境，造就不出劃時代的英雄，因此，如果我們有朝一日功成名就，第一個要感謝的人，當然是曾經折磨過自己的人。

在美國某一個小鎮上，有個名叫露茜麗·鮑爾的小女孩，從小便立定志向，要成爲一個著名的演員。

懷抱著這個夢想，直到十八歲，她的表演之路終於開始了。

然而，在一家舞蹈學校學習三個月後，她的母親突然接到了一封學校的信函，上面寫著：「您好，相信每個人都知道，本校一向是以培育最佳的表演人才聞名，世界上幾乎所有著名的表演工作者，都是從本校畢業的。所以，我們一眼便能辨識出學生的資質如何，遺憾的是，我們還眞沒有見過像您女兒如此差的資質，因此我們必須請令千金退學，以維持我們的學生素質。」

露茜麗退學後，卻一點也不傷心，反而一邊打工，一邊利用工作之餘參加各種演出與排練，而且即使沒有報酬，她也無所謂。

努力想要實現自己夢想的露茜麗，幾乎在全美各個表演節目中，都能看見她的蹤影。

很不幸的是，她感染了肺炎，住院三個星期，醫生告訴她：「妳的雙腿開始出現萎縮，以後恐怕不能行走了！」

飽受折磨的露茜麗，聽到之後卻非常鎮定，還以堅定的眼神對醫生說：「我知道了！」

露茜麗帶著表演夢和病殘的雙腿，準備回家休養，看著車窗外的藍天，她告訴自己：「我一定會站起來。」

回到家中，在家人支持下，她不斷讓自己站起、前進，經過無數次的跌倒，更忍下每一次復建磨練的痛苦，兩年後，奇蹟出現了，她終於能再次奔跑了！

克服了病魔之後，露茜麗更加賣力地展開自己的表演之夢，但是幸運之神並未眷顧她，年齡與身體狀況，讓她的表演之路更加艱辛。然而，她卻一點也不氣餒，告訴自己：「我已經能自己行走了，以後再也沒有什麼事能難倒我，我一定會成功。」

直到四十歲，露茜麗終於獲得一次相當難得的演出機會，有個電視台的導演看中她，認爲有個角色非常適合由她來詮釋，從這一刻起，她的表演之路正式開始了。

幾乎一打開電視，觀眾便會看見露茜麗．鮑爾的演出，而且她也越來越受歡迎。在電視螢幕裡，每個人看見的，不是她的跛腿與滿臉的滄桑，而是她傑出的表演天分與能力。

他們看見的，是一個不輕易放棄的女孩，是一個不顧一切實現自己夢想的成功典範！

「北海小英雄」的家鄉斯堪地半島流傳著一句諺語，值得我們用來勉勵自己：「不是溫煦的太陽，而是酷寒的北風造就了維京人。」

在人生奮鬥過程當中，接受各種來自命運或環境的折磨，其實並不是什麼壞事，因爲，唯有遭遇過「酷寒的北風」，人才能鍛鍊出堅毅不撓的個性和鍥而不捨的奮戰精神。

「絕不放棄」是露茜麗所表現出來的人生觀，她提醒我們只要我們還活著就有機會。年齡不會是阻礙，體能不是我們的藉口，只要我們充滿信心，能鼓起勇氣，跌倒後再站起來，我們便能在困苦中發現生命的樂趣。

沒有人能預見目的地，我們經常聽見的預言，很多時候只是不負責任的臆測，根本沒有人能未卜先知，也沒有人能預測你的人生，因爲當你跌倒時，唯一能讓你再站起來的人，只有你自己。

別害怕生命的艱辛與痛苦，只要你走過了，你會發現事情並非你想的那麼艱難。只要你走過了，未來再遇上任何困苦，對你而言，都只是個小石頭，不僅不會絆倒你，也許反而是你成就未來的墊腳石。

•本書是《折磨你的人，就是你的貴人全集》全新修訂版，謹此說明

PART—1 相信自己，才會出人頭地

不要用否定別人的方式來肯定自己，也不要被外在的批評所影響，因為真正能影響你的，只有你自己。

PART—2 有壓力 才能激發潛力

每個人都要想像自己的身後有一匹狼；適當的壓力，不僅是我們發揮潛能的激素，更是讓我們挑戰自我的最佳助力。

PART—3

態度是最重要的生活元素

所有事都是牽一髮而動全身。即使只是個小小的好奇動力，即使只是一個平常態度，都是你成就未來的重要元素。

PART—4

因為懶惰，才有一大堆藉口

別再把時間浪費在尋找藉口或理由身上，只要我們把尋藉口的時間節省下來，就有更多的時間向前邁進！

PART—5

有準備，才有成功的機會

只要能發現自己的價值，並累積自己的實力與能量，有一天，你也能從別人的眼睛裡，看見「羨慕」眼神！

PART—6
在痛苦中享受重生的喜悅

在生命最微弱時，有人可以創造生命奇蹟；在生命最艱困時，有人可以開創全新的未來。

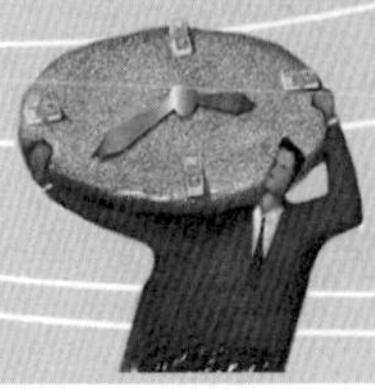

PART—7

為生命留下永恆的光芒

要認真地看待自己的人生，用積極的態度面對生活，如此，才不會在生命終點站前懊悔人生的結束。

PART—8

認真面對人生，奇蹟就會發生

只要我們與身邊的人相處能多點尊重與關懷，認真面對自己的人生，許多奇蹟一定會在我們的身上發生。

PART—9

不氣餒，才有第二次機會

從人生的巔峰上跌落下來，掉落失敗的谷底，有人從此一蹶不振，當然也有人視為人生的另一個開始。

PART—10 與其煩惱，不如動動腦

不必太過煩惱外界所產生的問題，只需要「相信」：相信自己一定能輕鬆迎戰、輕鬆因應，也相信自己一定能排除萬難。

PART 1

相信自己，才會出人頭地

不要用否定別人的方式來肯定自己，
也不要被外在的批評所影響，
因為真正能影響你的，只有你自己。

態度決定你的前途

你的生命線掌握在你的手中，你用什麼樣的態度面對自己的人生，你的人生自然也會以什麼樣的面貌面對你。

當一片「景氣不好」的呼喊，傳遍每個人的心中時，有人能創造不景氣的奇蹟，更多人則是跟隨著潮流，讓自己陷入「不景氣」的垂頭喪氣之中。

然而，這些結果，並不是外在因素所致，全是自己所造成。

佛教裡有句話說：「願力！念力！」

我們的願望有多大，念力便會有多大，相信自己能克服生活的困苦，我們自然就能克服一切不景氣。

羅彬意外地被拔擢爲銷售經理，同事們都感到非常驚訝，因爲，目前公司的營運狀況很不好，所以銷售經理的職務，在此刻就顯得更重要。

這個職缺的適任人才其實找了很久，雖然公司急需拓展業務，但是高層也不想隨便決定人選。

羅彬與其他較資深的同事相比，並沒有什麼突出的地方與才能，因此，大家都不認爲他有資格坐上這個職位。

後來，謎團終於解開了。

原來，前幾天羅彬在公司加班，九點下班時不巧遇到了停電，電梯裡突然停止不動。一片漆黑中，大家開始抱怨因爲加班才被困在電梯裡，還有兩個小女生也害怕地哭了起來。

黑暗中忽然有個小火苗亮起，那是打火機上的小火苗。所有人立即都安靜了下來，大家安靜地待在電梯裡一個多鐘頭，不再騷動，而羅彬手中的火則忽明忽滅地亮著。

後來，電梯終於又啓動了，羅彬始終什麼話也沒說，而角落裡的董事長則把這一幕牢牢地記在心裡。

當然，許多人仍不明白其中的道理，對羅彬仍不服氣。

後來，董事長終於把理由說明：「羅彬在如此危急的情況下，還能想起手中僅有的火種，並點燃它，照明自己與大家，而不像其他人那樣，什麼事都不做，只會抱怨詛咒。如今公司要走出低谷，不想被困境打倒，正需要像羅彬這樣的人來支持！」

如果你相信自己目前的一切狀況，全是因外在的不景氣所造成，天天諸多埋怨，那麼你也自然只會生活在垂頭喪氣之中。

相同的環境，有人用僅剩的財富開創搶錢奇蹟，有人則從富足的生活中慢慢走向貧困，究其原因，其實只有一個，一切肇因於自己。

故事中的羅彬遇到險境能沉著應變，其他人則抱怨連連，這便是成功與失敗的分野。

人們情緒的感染力本來就很強，試想換做是你，你是喜歡置身在哭喪的氣氛中，還是歡笑的陽光下呢？

當我們身上散發著自信與欣喜，自然也會感染身邊的人；我們都喜歡與有信心的人在一起，因爲他們會激起我們心中熾烈的鬥志，朝著明亮的人生目標前進。

所以，只要願意做個積極進取、充滿信心的人，機會自然在你手中，別人怎麼搶也搶不走。你的生命線就掌握在你的手中，沒有人能改變它，也沒有人能掌握它。

你用什麼樣的態度面對自己的人生，你的人生自然也會以什麼樣的面貌面對你。

相信自己，才會出人頭地

不要用否定別人的方式肯定自己，也不要被外在的批評影響，因為真正能影響你的，只有你自己。

你覺得人生眞的沒有希望了嗎？當我們習慣性地發完牢騷或批評完之後，我們又能得到什麼呢？

就從現在起，相信你是重要的人，從肯定自己開始，你會慢慢地發現自己的不平凡與無限可能。

羅傑．羅爾斯是美國紐約市的第五十三任市長，也是紐約歷史上第一位黑人市長。從小生長在紐約貧民窟的羅爾斯，在這個髒亂、暴力與流浪漢聚集的地方，以及許多孩子從小便開始逃學、打架、偷竊甚至吸毒的環境裡，一點也不受影響，不僅考上了大學，最後還當上了市長。

就職典禮上，有記者向他提出一個問題：「您認爲，您是如何取得市長的寶座呢？」

面對台下三百位記者，羅爾斯對於自己的奮鬥史隻字未提，只說了一個陌生的名字，皮爾．保羅，他是羅爾斯的小學校長。

一九六一年那年，皮爾．保羅被聘請到諾必塔小學當校長。

當時，正值美國嬉皮流行的時代，皮爾．保羅一走進諾必塔小學的時候，發現這兒的孩子們無所事事，而且喜歡和老師作對，曠課與鬥毆的情況更是家常便飯。皮爾．保羅想了很多方法想引導他們，卻一點成效也沒有。

後來，他發現這裡的孩子們都很迷信，於是想出一個絕妙的方法——幫孩子們看手相，並用這個方法來鼓勵學生。

有一天，羅爾斯從窗台上跳下，並伸著小手請教皮爾．保羅。

校長看著這個小手，笑著說：「我一看你修長的小拇指就知道，你將來會是紐約市的市長。」

羅爾斯瞪大了雙眼，因爲，除了奶奶曾說他長大以後可以成爲船長之外，從來沒有人如此讚美他，沒想到皮爾．保羅先生今天卻說，他可以成爲偉大的紐約市長。開心的羅爾斯，認眞地記住了這句話，從此堅信不疑。

從那天起，「紐約市長」就像一面錦旗，令羅爾斯開始積極地面對自己的生活，不再和朋友們鬼混，也不再口出穢語。他挺直了腰桿走路，每天都以市長的身分要求自己，直到五十一歲那年，他眞的成爲州長了。

在他的就職演說中，有這麼一句話：「信念值多少錢？也許不值錢，因為它可能只是個善意的欺騙，但是即使是欺騙，也會因為你的相信與堅持，而成為無價的寶物。」

不要用否定別人的方式肯定自己，也不要被外在的批評影響，眞正能影響你的，只有你自己，就像羅爾斯所說，信念的價值只有我們才能評定。

抱持肯定信念的人，生活目標必然果斷而明確，因爲，他們相信自己一定能達成目標，所以不會介意人們的惡意批評，更沒有時間發牢騷。唯有明確的生活目標，積極的生活態度，才是他們人生的重要信念。

當許多人埋怨外在環境，或只想著別人的施捨時，他們的生活鬥志也早已消失殆盡，想再把他們拉拔起來，恐怕是多此一舉的了。

日本心理學家箱崎總一郎在《不斷超越自己》一書中說：「人生好比馬拉松比賽，身為選手的我們，不管遭遇什麼難題，心中應該有的唯一念頭就是：向前跑、向前跑，拼命向前跑。」

其實，越艱難的環境下，我們越有機會發揮潛能與信念。當大多數人喪失信心與志氣時，我們只要能以肯定的信念發揮自己潛能，在這個不景氣的環境下，將是我們出人頭地的最好時機。

用信心開啟成功之門

做你想做的事，給自己多一點勇氣和信心，只要你願意行動，「心想事成」不再只是個祝福語，而是能實現夢想的代名詞。

英國著名的辭典作家西蒙．約翰遜曾經說過：「自信是一個想要做大事的人，必須具備的素質。」

一個深具自信心的人，成功早已捉在手中了，即使遇到風雨，對他們而言也只是迎接太陽之前的小插曲。

電影界的大亨華納兄弟，是波蘭籍的猶太人，父親本來是從事補鍋的工作，後來孩子們長大了，一家人才改做小生意，還開了一家自行車行。

有一天，華納兄弟從朋友那裡獲得一架電影放映機，就是這架放映機讓他們有了全新的開始，更締造了一個電影企業的成功傳奇。

剛開始，他們連自己的放映廳都沒有，只有這架放映機和一部拷貝機。

由於當時仍是無聲電影時代，放映影片之時，便由家中的女孩們彈奏鋼琴配樂，並由最小的弟弟傑克伴唱，沒想到觀衆反應相當熱烈。於是，他們靠著最基本的器材，慢慢地累積出足夠的資金，並開始與人交換影片，最後更成爲影片的發行商。

一九一二年，華納家遷居到加利福尼亞，並創立了華納兄弟影視公司。

剛開始，他們歷經了不少挫折，但是，不管損失多麼慘重，他們也堅決不願放棄自己的夢想，因爲這是他們人生的重要目標，不僅一定要完成，也一定要成功。

一九二七年，他們出產了第一部有聲電影〈爵士歌王〉，並一舉成名。

他們更透過該片的靈魂人物，說出他們的決心：「如果，你不堅定自己的信心，任何美妙的聲音你都將聽不見！」

當你「相信」自己一定能完成時，你會發現，身上正有一股澎湃的力量要全力衝出，生活充滿了積極與活力，而所有能量的啓動，全來自於你的自信心正在發揮作用。

因此，培養信心是邁向成功的第一步，像華納兄弟所說的，只要你能堅定自己的信心，沒有什麼事是做不到的。

做你想做的事，給自己多一點勇氣和信心，只要你願意行動，「心想事成」不再只是個祝福語，而是能實現夢想的代名詞。

忘記過去，重新開始

不要侷限自己前進的路，機會是給肯付出的人，也別囿於自己眼前的困境，任何時候都是你重新開始的最好時機。

生命最奧妙的地方在於：每個生命看似都有自己的「定數」，其實卻蘊藏著許多「變數」，最終會如何演變，其實全掌握在自己手中。

每個人都會遭遇失敗挫折，只會怨天尤人的人很難闖過眼前的難關；與其老是抱怨環境，不如心存感激，把這些折磨當成磨練自己的難得機會，勇敢接受各式各樣的砥礪。

忘記過去的成功與失敗，給自己一個全新的開始，我們便會從未來的朝陽裡看見另一次成功的契機。

有個泰國企業家，玩膩了股票後，便轉而去炒作房地產業。他把所有的積蓄都投資進去，還向銀行貸款了大筆資金，全部投資在曼谷郊外，一個備有高爾夫球場的十五幢別墅裡。

沒想到，時運不濟的他，別墅剛剛蓋好時，卻遇上了亞洲金融風暴，別墅一間也沒有賣出去，連貨款也無法還清。

企業家只好眼睜睜地看著別墅被銀行查封拍賣，甚至連自己安身的居所也被拿去抵押還債了。

情緒掉到谷底的企業家，完全失去鬥志，怎麼也沒料到，從未失手過的自己，居然會陷入如此困境。

有一天，他坐在早餐店裡，忽然靈光一閃，想起太太親手做的美味三明治，決定要振作起來，重新開始。

當他向老婆提議從頭開始時，太太也非常支持，還建議丈夫要親自到街上叫賣。這多難爲情啊！但企業家經過一番思索，終於下定決心行動。

從此，在曼谷的街頭，每天早上大家都會看見一個頭戴小白帽，胸前掛著售貨箱的小販，沿街叫賣三明治。

「一個昔日的億萬富翁，沿街叫賣三明治」的消息，很快地傳了開來，購買三明治的人也越來越多。有人是出於好奇，也有人是因爲同情，當然，更有人是因爲三明治的獨特口味，慕名而來。

從此，「三明治」的生意越做越大，企業家也很快地走出了人生低谷，重新展開自己的人生。

這個企業家名叫施利華，幾年來他以不屈不撓的奮鬥精神，獲得泰國人民的尊重，後來更被評選爲「泰國十大傑出企業家」的榜首。

名人跌倒之後，想從低谷裡重新站起來，並從最低層重新開始，需要比一般

人更大的勇氣與耐力。但是，一旦能從谷底再爬了起來，他們的成功都將比過去更加輝煌。

當我們看著別人的成功故事時，不要只顧著羨慕他們名利雙收時的成果，我們要學習的，是他們豐收前的努力與付出，「要怎麼收穫，先要怎麼栽」是一種自然定律，沒有任何人能例外。

付出不一定會有收穫，但是，沒有付出就一定不會有結果。

人生隨時都可以重新開始，不要侷限自己前進的路，機會是給肯付出的人；也別囿於自己眼前的困境，任何時候都是你重新開始的最好時機。

要成功，必須先行動

我們連行動都沒有開始，又怎麼知道阻礙會有多大？何況，再麻煩的問題也會有解決的方法，我們又何必擔心呢？

法國作家杜伽爾曾經在小說《蒂博一家》裡寫道：「不要怯懦地妥協，要以勇敢的行動，克服生命中的各種障礙。」

要以積極的心態面對人生中的各種挑戰，不要只因爲事情的表面看起來困難重重，就輕易地放棄。

如果你不想再看著別人實踐你的夢想而後悔不已，如果你不想讓懊惱存放心中，凡事先行動了再說吧！

美國南北戰爭結束時，有個叫馬維爾的記者曾到白宮採訪林肯，並寫下了這麼一段故事。

馬維爾問：「總統先生您好，據我所知，前兩屆總統都持廢除黑奴的主張，而且也把《解放黑奴宣言》草擬完成了，但是，他們都沒有真正落實簽署，請問總統先生，他們是不是想把這件功勞留給您呢？」

林肯笑了笑說：「可能是吧！不過，倘若他們知道，拿起筆只需要一點勇氣，而且簽完後還能身心舒暢，相信他們一定會非常懊惱。」

馬維爾話還沒問完，林肯便驅車出發了，馬維爾沒搞懂總統的這一番話，到底是什麼意思。直到一九一四年，林肯去世五十年後，馬維爾才在一封林肯寫給友人的信上找到答案。

林肯在這封信中提到他的一段幼年經歷：

「我的父親曾在西雅圖買了一塊農地，因為上面佈滿了許多石頭，所以價格非常便宜。有一天，母親提議把石頭搬走，父親說，如果能搬走的話，主人就不會那麼便宜賣給我們了。

有一天，父親去城裡買馬，母親帶著我們到農場勞動，對我們說：『讓我們一起把這些礙事的東西搬走，好不好？』

於是，我們開始徒手挖起一塊塊的石頭。沒想到過沒多久，整塊農地上的石頭，全都被我們搬光了。

因為，它們一點也不像父親說的那麼困難，每塊石頭不僅埋得不深，而且只要挖個幾公分，就可以輕易地拿出來了。」

在這個故事中，我們看見成功與不成功的一線之隔，也看見其實問題只有一項，那便是肯不肯「行動」。

我們是不是也曾像林肯的父親一樣，動也不動地讓大石頭阻在自己前進的路上，把困難與麻煩掛在心中，而遲遲不敢前進？

凡事先行動了再說吧！

想要獲得成功，就必須動手克服眼前的困難。

相信自己一定做得到，我們就能竭盡所能發揮各種想像力和創造力，努力達成自己設定的目標。

千金難買早知道，事情不一定會如你所料，我們連行動都沒有開始，又怎麼知道阻礙會有多大？更何況，再麻煩的問題也會有解決的方法，我們又何必擔心呢？

堅持是成功的唯一秘訣

成功是靠堅持而來的，投入並且堅持不懈地做下去，「成功」的目標自然會水到渠成。

柏拉圖曾說：「成功唯一的秘訣，就是堅持到最後一分鐘。」

在奮鬥的過程中，不要給自己任何停下來的藉口，因爲成功之門，永遠會出現在你放棄前的最後一步。

人在追逐夢想之時，難免會遭遇失敗、挫折和打擊。在繼續與放棄的天人交戰中，如果你經過理性分析判斷，最後選擇鼓起勇氣咬牙苦撐，那麼就意味著眼前的困局即將峰迴路轉。

弗羅倫斯．查德威克的聲名，是完成橫渡英吉利海峽的壯舉而傳播開來，在此之後的三年，她則準備從卡德林那島游向加利福尼亞海灘，再創世界新紀錄。

那天，海面上滿是濃霧，海水更是冰冷刺骨，她必須在水中熬過十六個小時，才能抵達目的地。

她的嘴唇已經凍得發紫，全身也筋疲力盡，每當她抬頭遠望，眼前總是霧茫茫一片，完全看不見終點。彷彿陸地還很遙遠，游著游著，她忽然灰心地想：「看來這次無法游完全程了。」

當她這麼一想時，身體立刻癱了下來，連支撐划行的力量都沒有了，於是她對著陪伴的小艇說：「把我拉上去吧！」

但是，小艇上的朋友們卻鼓勵她說：「再忍一忍，只剩一英哩而已，就快到海灘了！」

查德威克不相信地說：「別騙我了，如果只剩一英哩而已，我現在就可以看見海岸了，快拉我上去吧！快點！」

大家看她似乎眞的撐不下去了，只好將她拖起。

小艇拉起她後，便開足馬力向前開去，這時，她似乎聽見海灘上傳來一陣歡呼的聲音。

朋友們眞的沒有騙她，距離成功眞的只剩一英哩啊！

她低頭長嘆，懊悔自己：「爲什麼不再堅持一下！」

有了這次幾乎成功的失敗經驗，第二次挑戰之時，她終於咬緊牙關，完成了這項世界紀錄。

有個拳擊手曾說：「當對手受到猛烈重擊並倒下時，對我而言是一種解脫，也是一種誘惑，因為每當這個時刻，我會在心裡吶喊：『我一定要挺住，絕不能倒下，只要再堅持一下，我就成功了！』」

成功是靠堅持而來的，投入並且堅持不懈地做下去，「成功」的目標自然會水到渠成；不能堅持的人，就會像故事裡的弗羅倫斯，即使成功在望，最終也要斷送在自己的手中。

德國心理學家奧肯在《人生的意義與價值》裡提醒我們：「人生與其說是外在的克服，不如說是內在的前進；與其說是目的的完全達成，倒不如說是奮戰到底的潛力的覺醒與持續。」

反省自己，是否一遇挫折就半途而廢，最後才造成失敗的呢？

心盲只會讓你不斷迷失

人生沒有無法完成的事，只有不願付出的心，再乾涸的土地，只要我們每天挑水澆灌，終有一天也會成為適合栽種的田地。

很多眼不盲卻心盲的人，容易在人生的旅途上迷失方向，那是因爲他們只顧及地上的小石子，而看不見前方的美麗景色。

心盲是因爲不願用心觀看這個世界，終日活在虛無迷惘之中。只要我們願意朝向燦爛的陽光，心靈世界就不會一片荒蕪。

在這間寺院的前面，有一塊荒蕪已久的空地，長久以來都沒有人想去開墾它。直到雙目失明的心明大師，到這裡剃渡後，才經常利用誦讀經書之餘的時間，帶著鋤頭到這塊空地上開墾。

每天都非常勤奮耕作的心明大師，在一段時間之後，開始在土地上種下希望的種子。

不管颱風下雨，只要一有空閒，他都會回到空地上耕作，即使寺院裡的人笑他自找苦吃，他也不以爲意。

日復一日，心明大師就在人們的譏笑聲中，讓種子慢慢地從土壤裡發芽、成長。當綠葉上托著一朵朵的花苞，在一夜春風的吹拂下美麗綻放後，大家才被這個前所未有的美麗景致，感動得無法言語。

而心明大師卻一如往常地工作，因爲，無論花朵多麼美麗，他也看不見。雖然如此，他還是繼續把荒地變成花地，讓其他能看見的人可以享受這些美麗的花景與花香。

心明大師說：「在我的『眼睛』裡，沒有荒蕪的世界。」

相信心明大師要說的正是：「與其心盲，不如眼盲。」

當光明的雙眼能夠看見世界天地時，很多時候我們反而更容易閃神，看不見我們應當看見的美麗世界。那是不懂得生命可貴的人的盲點，也是多數擁有健全身體的人容易發生的狀況。

眼不盲的人，容易受外在事物的使役而心盲；心不盲的人，因爲看不見外在事物的誘惑而清明。

當心明大師讓荒地變花圃時，我們得到了什麼樣的啓示呢？

人生沒有無法完成的事，只有不願付出的心，再乾涸的土地，只要我們每天挑水澆灌，終有一天也會成爲適合栽種的田地。

心明大師還有一句更重要的啓示：「只要肯做，沒有什麼事是不可能的！即使眼盲，我仍可以用心看見，你們不一定看得見的美麗世界！」

學會控制自己的情緒

不要讓情緒操控你的生活，學會掌控自己的情緒，你才能在人際之間得心應手，凡事順利圓滿。

人只要受到刺激，腎上腺素的分泌就會開始增加，情緒不但會從平靜變得亢奮，而且也會變得容易衝動。

這雖然是生理構造使然，但並不表示衝動會讓別人認同。不能控制自己的情緒，便會被情緒控制生活。

EQ不高的人，一旦情緒不佳，就只顧著宣洩自己的情緒，即使傷及無辜也不知，更別說想與人溝通，或是處理事情了。

一個脾氣暴躁的旅行家前往拜訪一位著名的高僧。

旅行家當天出門時心情相當惡劣，滿臉煩躁的模樣，旁人一看便知。

當他到達目的地時，費力解開他糾成一團的鞋帶，接著更使勁地把鞋子往角落一丟，忽然大門「碰」的一聲，嚇壞了現場的每一個人。

完全忘了自己是身在別人修行處所的旅行家，直到看見高僧時，才一改剛才惡劣的態度，禮貌地向高僧致意。

但高僧卻對他說：「對不起，我無法平心靜氣地與你談話，除非你先跟被你遷怒的那扇門和你的鞋子道歉。」

旅行家一聽，臉上微慍地問：「你是開玩笑吧？向門和一雙鞋子道歉？爲什麼？它們又不是人，會有受辱的感覺嗎？」

高僧回答說：「不管是人或物，都有被尊重的必要，當你把你的憤怒加諸在它們身上時，你同樣也該準備好向它們道歉。所以，請你這麼做，否則我也無須尊重你，更不必再深談下去。」

旅行家心想：「好不容易才得以見高僧一面，如果因爲這點小事而中止企盼已久的談話，實在很可惜。」

於是，他走到自己的鞋子前說：「朋友，請原諒我的無禮。」

接著，又對門說：「對不起，我爲我的魯莽行爲向你表示歉意。」

道歉之後，他回頭坐在高僧身旁。

高僧笑著說：「現在你的情緒比較穩定了，我們之間已經建立起和諧的關係，可以開始談了。」

後來，旅行家在他的回憶錄裡寫道：「一開始，我覺得自己很滑稽，但是等道完歉之後，突然有股奇妙的感覺湧上心頭，心境變得安詳、平和。很難想像，只是一個小小的動作，心情的轉變卻可以這麼大。」

當我們心情不好的時候，不是什麼事也無法進行嗎？

就像故事裡的旅行家，帶著暴躁的脾氣上門請教，然而心情沒有平靜下來，又如何能聽見別人的勸說？

不要用情緒解決事情，那只會讓事情越變越糟，學學高僧的方法，先讓情緒緩和下來，即使要向門與鞋道歉也無妨。因爲，就像旅行家一樣，在他回頭省思的動作中，便會看見自己的無知與失控的情緒，並慢慢地舒緩自己的心境，掌握失控的脾氣。

爲自己的情緒失控道歉，雖然只是個小動作，卻有著大作用。

不要讓情緒操控你的生活，得罪越多人，只會樹立更多的敵人；學會掌控自己的情緒，你才能在人際之間得心應手，凡事順利圓滿。

只要有心，沒有什麼不可能

未來的路得靠我們自己走出來，除非我們不願意給自己機會，不然每個人都一定能找到展現自己生命光芒的專屬夢想舞台。

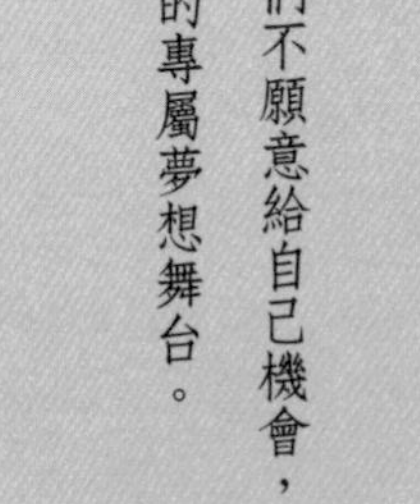

塞涅卡曾經說過：「因為將來的某個時候會遇到不幸，而從現在就愁眉苦臉的人，是十足的大傻瓜。」

的確，無端爲小事傷腦筋，無端地爲小事鬱卒，是十足的愚蠢行爲，因爲，如果事情不是你能力所及，即便再如何煩惱也無濟於事，如果問題是在你的能力範圍之內，你又何必爲這種可以掌握的小事鬱卒和發愁呢？

沒有盡全力去嘗試，我們就沒有資格說「不可能」，因爲只要有心、肯用心，任何事情都「有可能」發生的。

生命的道路並不難走，除非我們放棄，不然我們應該這麼相信：「只要用心，我們都一定能找到表現自己的舞台。」

因爲身材笨重，讓大象家族的成員們被其他動物譏笑爲「笨蛋」。

有一天，小象陪著媽媽參加一場動物聯歡會，在宴會上，小象看見其他動物們輕快地隨著音樂翩翩起舞，姿勢十分美妙，心中非常羨慕。

於是，牠對媽媽說：「媽媽，我也好想跳舞喔！我也好想像鹿小姐那樣跳出美妙的舞姿。」

象媽媽想了想，回答說：「傻孩子，你知道，那是不可能的。我們四肢像柱子一樣粗壯，身體更像一堵牆，這樣笨重的體態和僵硬的肢體，根本不是跳舞的材料啊！」

小象很不服氣地說：「不！媽媽，我一定會學會跳舞的。」

從此以後，只要動物們一舉辦舞會，必定會看見小象的身影，不過牠從未下場跳舞，每一次牠都只是靜靜地站在一旁，出神地看著其他動物們的舞姿和跳舞時的腳步。

慢慢地，小象從觀察中琢磨出適合自己擺動的舞姿，也慢慢地找到一套最適合自己身形的舞蹈動作。

牠對自己這麼說：「我的身材這麼高大，根本不可能像兔小姐那樣又跳又旋轉的，不過，至少我這身高大的四肢，是其他動物無法比擬的，啊！對了，我可以利用這個優點來跳踢踏舞啊！還有這伸縮自如的長鼻子，在我跳舞時也能同時來點變化。」

舞池上的燈光再度亮起，就在這個時候，小象抬起了頭，大大方方地走進舞池的中央。音樂響起，小象配合著激昂高亢的節拍和鼓聲，瀟灑自在地舞動著牠的身軀，隨著節奏的忽強忽弱，小象的舞步也流暢地時而簡潔明快，時而鏗鏘有力，時而抑揚頓挫，時而激情四溢。

舞台上，小象的精采表演吸引了眾人的目光，動物們滿臉吃驚地呆望著小象的舞姿，因爲牠們從未料到，看起來那麼笨重的小象，竟能跳出如此精采的踢踏舞步。曲子還未結束，但舞台上已沒有其他動物的身影，看來今晚這個舞台將完全屬於小象的。

曲子結束了，小象仍然陶醉在自己獨特的舞蹈裡，至於耳邊響起的如雷掌聲，對牠來說不過是其他動物給予的小小肯定，因爲今晚牠最重要的收穫是對自己的肯定！

相信經過這個突破之後，小象也更加明白了「天下無難事，只怕有心人」的道理，不會再無端苦惱。一樣經常給自己「不可能」三個字的你，從這個故事中得到了什麼樣的啓發呢？

當小象抬起了頭，忘我地站在完全屬於牠的舞台上盡情舞動生命時，你是否也獲得了同樣的能量，也開始相信：「沒有什麼事是我辦不的！」

很多時候，我們經常被否定或負面的說詞佔據，也經常被無謂的擔心和害怕阻攔，也因而讓自己好不容易找到生活方向時，因爲這些不必要的否定，最終還是選擇了放棄，放棄這個千載難逢綻放自己的機會。

萊昂曾經寫道：「煩惱的利息，是由那些為小事鬱悶的人來支付！」

「不要無事自尋煩惱」這句話，充滿著精闢的哲理，但是，眞正瞭解並且身體力行的人卻屈指可數，否則，也就不會有那麼多人動不動就爲小事鬱悶，動不動就用小事來折磨自己。

未來的路得靠我們自己走出來，除非我們放棄，除非我們不願意給自己機會，不然每個人都一定能找到展現自己生命光芒的專屬夢想舞台。

PART 2

有壓力
才能激發潛力

每個人都要想像自己的身後有一匹狼；
適當的壓力，不僅是我們發揮潛能的激素，
更是讓我們挑戰自我的最佳助力。

要有不屈不撓的奮戰精神

在等待機會的時間裡，別讓時間空平白流失，積極地增強自己的實力，你才能把握住每一個機會。

日本經營之神松下幸之助曾說：「不要害怕多做事，做越多並不會吃虧，當學徒是端人家的飯碗，不管你做什麼事，老闆都會仔細地看著你，如果小事都做不好了，你就別想做任何大事。」

不要老是埋怨自己沒有機會，而要認眞想想，自己的機會是否因爲怠惰而不斷喪失了呢？

不要把別人的刁難當成折磨，而要把它當成自我充實的良機。

有個非常瘦弱的年輕人，來到一家電器工廠面試。

他一走進工廠的人事部，便對主管說明來意：「您可否安排一個小職務給我，我什麼都願意做，即使工作非常卑微，薪資再低也沒有關係。」

人事主管看他體型瘦小，又衣著不整，準備一口回絕，但又怕傷了他的自尊心，於是隨便編個理由說：「我們目前並不缺人，你一個月後再來看看吧！」

年輕人聽完後便轉身離開，主管猜想，他一定會打退堂鼓。

沒想到一個月後，年輕人又來了，主管又繼續推託。如此反覆了許多次，最後主管只好說出眞正的理由：「你看你一身髒兮兮的衣著，根本不能走進我們的工廠啊！」

沒想到，第二天年輕人穿了一件整齊乾淨的衣服又來了，人事主管看著他，有點無奈地說：「其實，還有另一個原因。關於電器方面的知識，你又不懂，而我們是需要相關的專業人才，因此你一點也不適任。」

兩個月後，年輕人居然又來了，而且還自信滿滿地說：「您好，我已經學會了不少有關電器方面的知識，也拿到了一些證照，您再看看我還有什麼不足的地方，我會一項項地補足！」

此刻，人事主管認真地看著眼前的年輕人，呆了半天後才說道：「我在這裡都快十年了，頭一次遇到像你這樣不死心的人，我真的不得不佩服你的耐心和韌性。」

年輕人的毅力終於打動了主管，不僅爭取到工作機會，而且是立即開工。

憑著自己的毅力，年輕人逐步完成了自己的目標，他正是後來創設日本松下電器公司的傳奇人物——松下幸之助！

古希臘時代傑出的政治家兼演說家狄摩西尼曾說：「沒有做法的想法，永遠只是一種紙上談兵的空想。」

成功的關鍵，事實上不在於你的腦海有什麼驚人想法，而在於你是否下定決心腳踏實地讓這些想法落實。

故事中充分展現了松下不屈不撓的奮鬥精神，也正是這樣的精神，讓松下傳奇在世界廣爲流傳。

只要你不放棄，隨時補充自己的不足，機會絕對是你的。眞正要擔心的不是機會的有無，而是你是否有能力迎接即將到來的機會。

松下每一次重返公司爭取時，他的功力也增加了一分，具備如此積極的態度，正是每個企業主渴求的人才。學學松下幸之助的積極態度，在等待機會的時間裡，別讓時間空平白流失，積極地增強自己的實力，你才能把握住每一個機會。

有壓力才能激發潛力

每個人都要想像自己的身後有一匹狼；適當的壓力，不僅是我們發揮潛能的激素，更是讓我們挑戰自我的最佳助力。

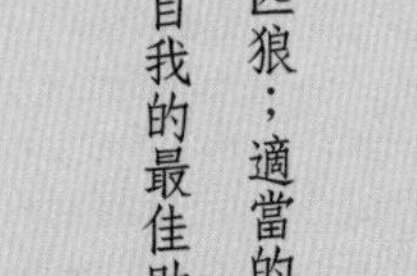

一個人的成就永遠跟他身處險境時展現的態度成正比。

想要在自己認定的領域有一番成就，就必須透過適度的壓力，激發自己的潛力。同時，也要將別人對自己的刻薄、折磨，視爲成功必經的磨練。

因爲，生命歷程中的每個折磨和挫折，都隱藏著成功的種子。那些在人生道路上將我們絆倒的「折磨」，背後都隱藏著激勵我們奮發向上的動機。

聰明的人都知道，適時而適度壓力是成長的必備養分，更是成就亮麗生活的

重要元素。

但是，要如何激發自己的潛能呢？

科學家赫胥黎曾說：「我無法駕馭我的命運，只能與它合作，從而在某種程度上使它朝我引導的方向發展。」

想要超越現況，你就必須隨時想像背後有「一匹惡狼」死命地追趕，如此才能激發蘊藏的潛力，使自己朝著人生目標奔去。

有位名不見經傳的年輕人，第一次參加馬拉松比賽便獲得冠軍，而且還打破了世界紀錄。

當他衝過終點時，許多採訪記者蜂擁而上，不斷地問：「你怎麼會有這樣好的成績？」

年輕的選手這時候居然氣喘吁吁地說：「因爲，我身後有一匹狼！」

聽他這麼一說，所有的人全都驚恐地回頭張望，但是，他身後什麼可怕的東西都沒有啊！

「三年前，我在一座山林間，訓練自己長跑的耐力。每天凌晨時分，教練就叫我起床練習，但是，即使我盡了全力練習，卻一直都沒有進步。」年輕人這時停下腳步，坐在地上繼續說：「有一天清晨，在訓練的途中，我忽然聽見身後傳來狼的叫聲。剛開始，聲音很遙遠，但是沒幾秒鐘的時間，就已經來到我的身後，當時我嚇得不敢回頭，只知道逃命要緊。於是，我頭也不回地往前跑，而那天我的速度居然突破了！」

年輕人喝了一口水後說：「教練當時對我說：『原來不是你不行，而是你身後少了一隻狼！』我這才知道，原來根本沒有狼，那是教練偽裝出來的。從那次之後，只要練習時，我都會想像身後有一隻狼正在追趕，包括今天比賽的時候，那匹狼依然追趕著我！」

古羅馬思想家賀拉斯曾經這麼寫道：「沒有勇氣超越自己的人，永遠享受不到真正的成功滋味。」

成功者和失敗者最大的差別，就在於成功者從來不安於現狀，只會不斷激發自己的潛能，挑戰懦弱、怠惰的心理。

潛能是每個人都具備的寶貴資產，如果你懂得運用，不論任何時地都是一股支撐生命渡過難關的能量。

如何激發自己的潛能，是許多人追尋的目標，爲了發揮潛能，有人隨時調整自己的思考與習慣，讓自己面對更多的挑戰，並不斷地突破自己。

更有人把「吃苦當作吃補」，從各種挫折中，發揮堅毅的生命力，展現驚人的創造力。

每個人都要想像自己的身後有一匹狼；適當的壓力，不僅是我們發揮潛能的激素，更是讓我們挑戰自我的最佳助力。

抱怨越多的人離成功越遠

不要再為小事斤斤計較，也不要再為小事埋怨，既然事情都已經過去了，何必再讓已逝的事情，來煩擾未來的生活呢？

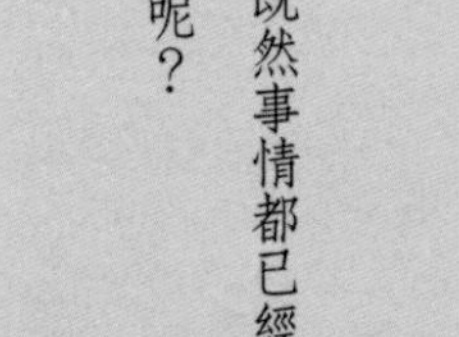

尼采曾說：「失敗者沒有悲觀的權利。」

不斷地抱怨或心中充滿仇恨的人，只會詛咒失敗的過往，不會積極地向前尋求解決的方法，所以成功也會離他們越來越遙遠。

不管你面對的是困境或者逆境，這都是人生的一部分；遭遇不幸、失敗、挫折的時候，唯有設法從逆境超脫，才能創造自己的幸福優勢，否則就會持續向痛苦的深淵沉淪……

古希臘神話中，有一個名叫海格力斯的英雄人物。

有一天，他走在崎嶇不平的山路中，不小心踩到一個袋子，由於這個袋子正好阻在路中間，海格力斯便用力地將它踢開。

沒想到袋子不但沒有移動，反而因爲他的碰觸而膨脹起來。以爲遇到什麼鬼怪的海格力斯，連忙拿起一根木棒，使勁地朝它猛打，但是，這個袋不僅沒有被打破，而且越脹越大，最後更把路口堵住了。

就在這個時候，有人個走過來，連忙阻止海格力斯說：「朋友，快住手，你別再動它了，快離開它吧！忘了它吧！這是個仇恨袋，只要你不犯它，它永遠都會是個小袋子。但是，如果你一侵犯它，它就會開始膨脹起來，慢慢地擋住你的去路，與你爲敵，並且對峙到底！」

人們常說：「硬碰硬只會兩敗俱傷。」只有學會控制脾氣，你才能靜下心評估自己的處境。凡事要用智取，而不是強奪，一旦心中累積的怨憤越多，不僅生活過得痛苦，而且還會讓你樹立更多的敵人。

在社會上為自己的人生奮鬥，我們難免會與人產生摩擦和誤會，甚至產生仇恨，然而，如果心中充滿過多的抑鬱情緒，它們便會阻擋在成功的路口，讓我們無法繼續前進。

不要再為小事斤斤計較，也不要再為小事埋怨，既然事情都已經過去了，何必再讓已逝的事情，來煩擾我們未來的生活呢？

在我們的仇恨袋裡多加點寬容心吧！那麼，我們才會少一分阻礙，多一分成功的機會。

任何磨練都是成功的基石

人生不可能永遠一帆風順，正因為有這些磨難與坎坷經歷，才能訓練出我們的勇氣與信心，也才能打造精采的人生。

若不是在奮鬥的過程中嚐過痛苦，受過折磨，事後我們就不會有苦盡甘來的甜美感覺。

因此，我們應該告訴自己：任何磨練都是成功的必經歷程，有朝一日當自己功成名就時，最需要感謝的，就是那些曾經折磨過自己的人事物。

美國舌戰大師丹諾在他的自傳裡，曾經這麼說：「一個人要做一番非凡的事業，就必須不貪圖眼前的享受，具備百折不撓的意志，並且堅信總會有苦盡甘來的成功之日。」

想要實現個人獨特的生命價值，任何人都無可避免地必須接受奮鬥過程中的各種磨練。

經過種種的磨練，我們才能學會解決問題的方法。

辛蒂．克勞馥是美國著名的模特兒，小時候的她，是個非常喜歡大自然的孩子，一有時間就會往公園或森林裡跑。

讀小學的時候，她會在課餘時間收集棕色蛾繭，因爲，等到春天來臨之時，她便可以看見小蛾們從蛹中掙扎出來，每當她看見小生命出生的刹那，心中總是溢滿了感動。

有一次，她看見一隻小蛾慢慢地從蛹裡爬出來，但是，卻非常辛苦地撥弄身上的絲繭。

心生不忍的小克勞馥見狀，便找了工具，幫牠把纏繞在身上的那些細絲剪斷。

當她把絲繭處理乾淨後，小蛾卻反而死了。

傷心的小克勞馥難過地大哭起來，不知道爲什麼結果會這樣。

母親聽見女兒的哭聲，便急忙跑了過來，等她把事情始末搞清楚後，便輕輕拍著女兒的肩膀說：「我的小寶貝，當小蛾從繭裡出來時，必須有一段生命的搏鬥經驗啊！因爲只有這樣，牠才能將身上的廢物排除乾淨，否則廢物一旦留在牠的體內，會造成牠的先天不足而死亡啊！」

小克勞馥抹了抹眼淚，認眞仔細地聽媽媽的解釋，明白地點了點頭。

隨著年歲的增長，她也慢慢地體會到，人也像小蛾一樣，一旦失去了奮鬥的力量，生命就會變得軟弱無力，生存機會自然也會慢慢地消失。

所以，克勞馥從未懈怠過，而且不斷提醒自己必須勤奮努力，終於成爲世界名模的翹楚！

哲學家尼采曾經提出「超人」理論，他對「超人」的定義是這樣的：「不僅是在必要情況之下忍受一切，而且還要喜愛這種情況。」

超人是很難達成的境界，但是，不可諱言的，一個人的成功、幸福，往往來自對各種不同環境的適應與超越。只要願意接受惡劣環境的磨練，試著用喜愛的心情面對，那麼無論眼前遭遇什麼困難，最終都能一一克服。

就像破繭而出的小蛾，經過一段新生的煎熬，牠就學會了生存的力量，人也必須經過不斷的磨練才能茁壯。

因此，不要有任何依賴別人或投機取巧的念頭，那些念頭只會讓我們失去生命的鬥志與能力。

在困苦中，我們才能發現生命的耀眼光芒，歷經環境磨練，我們才能培養出驚人的毅力與勇氣，再多的風雨也能堅持下去。

人生的奮鬥歷程也如煉鐵成鋼一般，我們必須經過不斷地燒烤與錘鍊，才能成爲可塑性最高的萬能鋼。

人生不可能永遠一帆風順，正因爲有這些磨難與坎坷經歷，才能訓練出我們的勇氣與信心，也才能打造你我精采的人生。

不要用「過去」跟自己過不去

遇上問題，我們別再想著「如果當初」，而是要想著「如何解決」，把問題的解決方法找出來。

美國作家愛默生說：「做完每一天的事，就讓這一天過去吧！也許，今天會有一些荒誕的事情發生，但是，只要盡快把這些忘掉，明天又將是全新的一天。」

別再哀弔昨天的失敗和失意，我們要從每一段錯誤中記取教訓，讓更多寶貴的經驗成爲向前邁進的助力。

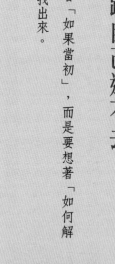

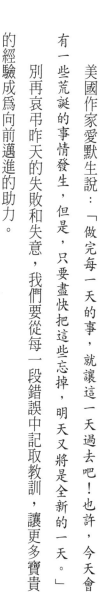

在紐約曼哈頓的一家法國餐廳裡，戈頓先生愁容滿面地坐在裡面，看起來相當沮喪消沉。

因爲他今天早上，剛失去一個相當重要的工程機會，現在他在這裡等待一位老朋友的到來，準備好好地向朋友傾訴這個煩惱。

戈頓的朋友是一位相當著名的精神科醫生，當他走進來，戈頓就急著準備開口。但是，這時醫生朋友卻從口袋裡拿出了一台錄音機，戈頓完全不明白用意地看著他。

這個朋友說：「在這捲錄音帶上，我錄了三個病人所說的話，你仔細聽聽他們說了些什麼，也許你能從中找出共同特性。」

戈頓認眞地聽著，很快就發現，錄音帶裡的三個聲音有一個共通點，那便是他們都很不開心。

第一個是男人的聲音，說的是關於生意上的損失和失敗；第二個是女人的聲音，心酸地訴說每一段錯過的姻緣；第三個是一位母親，她十幾歲的兒子被關進了監獄，這點讓她很自責。

聽完之後，朋友說：「你聽出來了嗎？他們都用了兩個共通字眼，就是『如果』、『只要』。」

朋友繼續對著戈頓說：「『如果』、『只要』這兩個字，並不能對既成的事實有任何改變，反而使我們無法坦然面對錯誤，只會退縮而不敢前進。假使你用慣了這幾個字，以後你也只會說『之前如果怎樣』，而不會想『現在應該如何』了。」

弋頓聽完後，感激地說：「謝謝，我知道要怎麼做了！」

古羅馬思想家西塞羅曾經說：「每個人都有不堪回首的過去，但只有愚蠢的人才會讓自己沉迷於那些過去。」

一個陷溺於過去的人，必然不懂得把握當下開創未來。無論過去如何不堪回首，畢竟都已經過去了，但是不少人卻偏偏忙著跟自己「算舊帳」，總是用「過去」跟自己過不去。

當我們犯錯時，不是也經常說：「早知當初，我就……」

然而，就如故事裡的醫生所言，事實已經發生了，再多的悔不當初也於事無補，因爲時間不可能倒帶，讓我們回去彌補一切。

生活當中，遇上讓自己懊悔或困擾的問題，別再想著「如果當初」，而是要想著「如何解決」，把問題的解決方法找出來，告訴自己：「下次我可以這麼解決。」

如此一來，你就有了克服問題的能力後也不會有懊悔的情形發生，你的人生只有往前行動的活力，與繼續生活的動力。

發揮創意才能創造奇蹟

除了做別人不想做的事外，更要做人們想不到的事，懂得多角度全方位思考的人，自然能發現別人沒有發現的契機。

你是連環繞在身邊的機會都看不見的人嗎？還是老是瞪大了眼，看著別人不斷地開創驚人的奇蹟呢？

不要一面化地看待事情，也許將事情翻個面，或讓腦袋轉個彎，便能發現更好的成功契機。

有一次，某電視台邀請了一位商界奇才上節目，當主持人請他談談成功之道時，他卻笑了笑說：「讓我出個題目考考你們吧！」

這位嘉賓不等主持人開口，便提出問題說：「請大家想一想這個問題，人們發現一個蘊藏豐富金礦的地方，大家蜂擁而至之時，卻遇上一個問題：想抵達當地必須經過一條河流。如果是你，你會怎麼辦？」

現場，有人立即說：「繞道啊！」

也有人說：「游泳啊！」

嘉賓聽著大家七嘴八舌地討論，最後笑了笑說：「為什麼一定要去淘金呢？為什麼不能買一艘船，經營渡河的生意？」

現場所有人一聽，個個都瞪大了眼睛，恍然大悟地說：「對啊！」

這位嘉賓接著說：「在這個情況下，即使你要求想渡河的人留下全身的財物，他們也會心甘情願地答應你，因為，只要能到達對岸，他們什麼都願意，而你，可是穩賺不賠啊！」

除了做別人不想做的事外，更要做人們想不到的事，這正是商界奇才的成功之道。他們不僅可以看見人們看不見的機會，還能發揮創意，創造別人想像不到的奇蹟。

其實，故事裡的商人正是要教導人們：「學會用更多角度觀看事情。」

每件事的答案不會只有一個，因爲切入角度的不同，每個人應對與解決方式也不同，讓思考的方向不會只有一個面向，因此，懂得多角度全方位思考的人，自然能發現別人沒有發現的契機。

機會不會只出現一次

成功從來就不是一蹴可幾，第一次沒有收穫，不代表下一次就沒有機會，但是只試一次就放棄，可就完全沒有機會了。

瑞士作家海塞曾經在作品裡說：「機運就像是一匹馬，一匹輕快而矯健的馬，人必須像騎士那樣，大膽而細心地駕馭牠。」

在追求成功的過程中，我們應該竭盡全力去駕馭自己的命運，不要任由命運播弄我們。

多一分堅持，就多一分成功的可能，只要你不輕易放棄，隨時都會等到你想要的機會，即使第一次遇到的機會不符合你的期望，第二次也一定會是你想要的。

日本有這麼一個故事，是關於一個叫阿呆和一個叫阿土的老實農民，每天夢想成為大富翁的寓言。

有一天，阿呆做了一個夢，夢見在河對岸的寺廟裡，種了四十九棵朱槿，而在其中一株紅花的土壤下，藏有一罈黃金。

第二天，阿呆便興沖沖租了一艘船，滿懷期待地來到對岸。

上岸後，他果然在寺院裡發現了四十九棵朱槿，由於當時正值秋天，他只好住下來，等待春暖花開。

好不容易，隆冬過去了，朱槿花也開始一一綻放，但是，阿呆這下子卻呆住了，因為滿院的朱槿花，居然全部都是淡黃色的。

阿呆不甘心地跑去問寺院裡的僧人，他們卻搖頭說：「從來沒有看過紅色的朱槿花啊！」

阿呆一聽非常失望，只好垂頭喪氣地返回村莊。阿土聽說阿呆的情況後，急忙拿了錢給阿呆，說是要向阿呆買這個「黃金夢」，接著他便來到了這間寺廟，等待第二個初春的到來。

第二年春天來到，朱槿花再次紛紛綻放，而且開得比去年更爲燦爛。一天早上，阿土照例來到院子裡探看，忽然間，他看見一幅非常美麗的畫面，因爲有棵朱槿眞的開滿了鮮艷的紅花。

阿土急忙來到樹下努力挖掘，果然讓他找到了一罈黃金。

澳洲作家伊莉娜．蒙格索斯曾說：「人世間有著許許多多的奇蹟，只要按部就班執行，耐心地等待，你也可以會創造奇蹟。」

人生未來的旅程就像一場馬拉松競賽，過程也許不可預知，也許充滿困頓，但是，一個充滿信心且具有遠見的人，會及早擬定自己的人生計劃，以無比堅毅的精神穿越人生的泥沼。

你也曾經像故事中的阿呆一樣，因爲無法堅持下去，而錯過了那罈原本屬於你的黃金嗎？

成功從來就不是一蹴可幾，第一次沒有收穫，不代表下一次就沒有機會，但是只試一次就放棄的人，可就完全沒有機會了。

很多時候，我們方向對了，卻因爲時機不對而一無所獲，所以，我們不妨給自己第二次機會。

這樣的「等待」不是「守株待兔」，而是再給自己一次機會。

不少成功人士的跌倒經驗都比我們還多，只要我們方向明確，第一次未成功，何不再給自己一次機會呢？

堅持下去，目標一定能達成

每個突發狀況都在考驗我們的應變能力，不要因為「方向」改變而放棄，重要的是，你的「目標」是否明確。

天地萬物不可能一成不變，即使我們下定目標也是一樣，再詳細的規劃，也難保中間不會有臨時狀況發生。

但是，只要心中的「目標」清晰可見，再多的困難或阻礙，都不會影響我們達到目標的決心。

克魯姆博士應邀到耶魯大學演講，抵達校門口時已經是傍晚了。

到了晚上，氣溫陡降，博士喝了些酒暖身，這時從電視機裡傳來一個訊息，預告附近將會有一場大雪。

有點酒意的克魯姆博士，忽然想起有人說，當雪花落在水裡的時候，會有喧嘩的聲音，不禁興起一個念頭：「我何不利用這個機會，印證是否眞的有『雪的聲音』？」

於是，他向學校借了一輛車和一些測聲設備，便出發「追雪」去了。

到了預告的降雪區域，才發現天氣預報並不準確，飄雪的區域已經往南移去，於是，他又急忙趕往南方，終於在維吉尼亞的西部找了雪的蹤跡。

他借了一個露天的游泳池，把聲納器材和感應器接到泳池裡。

不久，奇蹟眞的發生了，因爲空氣中的雪是如此寂靜無聲，而在感應器裡，那些滴落在水裡的雪花，居然發出又長又尖銳的聲音。

而且，因爲它的頻率很高，人們聽不清楚，但對於敏銳的海豚和魚兒來說，那卻是「震耳欲聾」的聲響，就像是人類聽見的緊急煞車聲，是一種又尖銳又刺耳的聲音。

克魯姆博士說：「一般水中生物能夠接收到的頻率，是在二十千赫以下，然而雪花落在水裡的頻率，卻是在五十到二百千赫之間。」

回到校園後，博士對學生們說起這個發現，仍然欣喜地驚呼說：「這個實驗太有趣了，而且還充滿詩意呢！」

英國著名的政治家迪斯雷利曾說：「如果不知道自己想要什麼，就不會有機會，只有知道自己想要什麼，知道什麼才適合自己，才會看到機會。」

想要獲得成功，就必須追著自己的夢想跑，而不是受制於眼前的環境。

如果你不知道自己想要什麼，不設定自己的目標，那麼又將如何追逐夢想？即使有絕佳的機會從眼前經過，你也不會知道它就是圓夢的良機。

克魯姆博士的「追雪」行動，不正是另一種「追夢」行動？

儘管飄雪的方向改變了，博士的「追雪行動」仍然不變，仍然積極地朝著「目標」前進，終於證實了「雪的聲音」。

當我們行動受到阻礙時，是否也能像克魯姆博士一般，堅持自己的目標，永不放棄呢？

生活中的許多事一向都在你我的「預料之外」，每個突發狀況都在考驗我們的應變能力，考驗我們的決心，不要因爲「方向」改變而放棄，重要的是，你的「目標」是否明確。

飄雪轉向，但是「飄雪」的目標物仍然存在，所以想實現夢想，我們就要像博士一樣，堅定自己的目標，鍥而不捨。

即使目標方向不斷改變，只要我們能堅持到底，即使雪花飄得再遠，也會有降落的時候。

信心才是最好的推薦信

再多的推薦信函，也無法保證你一定能成功，唯有相信自己，知道自己有多少實力，才能表現最完美的自己。

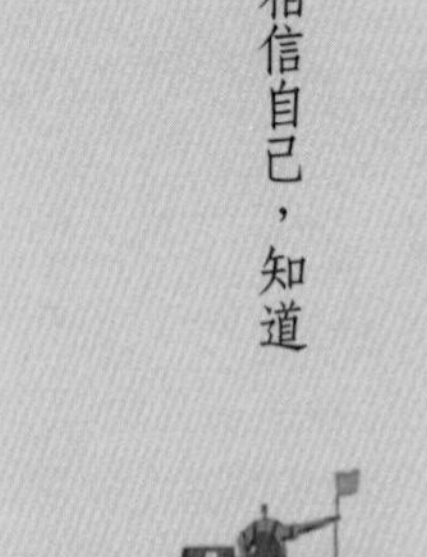

法國作家馬爾羅在《寂靜的聲音》裡寫道：「一個人唯有努力使自己昇華，才成為真正成功的人。」

只有充滿信心的人才會致力提昇自己的競爭力，不會借助別人的美言虛張聲勢，也不會被一時的失敗和挫折打倒。

信心是一切活力的來源，當我們充滿信心時，自然會不畏艱難地全力以赴，展現出令人刮目相看的氣勢。

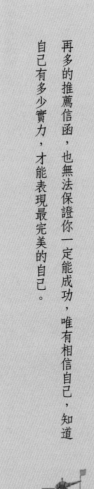

某家知名的企業刊登徵才廣告，有位正想跳槽的年輕人看見後，立刻把自己的履歷表寄了過去。

接到面試通知後，年輕人爲了能進入這間公司，便想盡辦法找到一封有力人士的推薦函。

當天，參加面試的人很多，排在年輕人前面的一位面試者，誠惶誠恐地對面試官說：「請多多關照。」

面試人員看著他，沒好氣地說：「我們公司需要的是有實力、有自信的人，不是老想要被人關照的人。」

聽到那句話時，年輕人爲之一震，這才警覺到，若是把推薦函拿出來，反而突顯自己缺乏自信。

因此，一直到面試結束，那封被他視爲利器的推薦函，一直原封不動地放在自己的口袋包裡，離開的時候，便隨手將信扔進牆角的紙簍裡。

年輕人知道，在所有的面試者之中，自己並不是最優秀的人選，因此對新的工作也不抱太大的希望。

但是，沒想到不久之後，他卻收到了錄取通知。後來，在一個偶然的機會裡，他看到那封被自己扔到紙簍裡的推薦函，居然放在總經理的桌上，而且空白處還加了一行剛勁的眉批：「這樣的人値得錄用。」

我們眞正需要的不是別人的關照，而是靠自己的實力力爭上游。不必期待別人提拔，就算你的靠山再高大，如果自己的實力不夠紮實，終將會被淘汰出局。只有對自己的實力充滿信心，才可能爲自己帶來好運。你的機會和運氣就寫在你的臉上，一個有實力的人渾身上下都是活力，那份堅毅的自信與衝勁，不僅會毫不保留地散發出來，更會感染到身邊的每一個人。

不必企求別人的保證，再多溢美的推薦信函，也無法保證成功，唯有相信自己，知道自己有多少實力，才能從容不迫地表現最完美的自己。

PART 3

態度是最重要的生活元素

所有事都是牽一髮而動全身。
即使只是個小小的好奇動力，
即使只是一個平常態度，
都是你成就未來的重要元素。

只要活著就是機會

只要還能呼吸，我們就有很多事情可以繼續，即使失去了一條腿的青蛙，也還能靠著水流，到達牠夢想的天地。

美國心理學家愛彌爾．庫耶曾說：「只要你充滿自信，即使是高聳入雲的群山，你也能將它們移走。相反的，一旦你自己退縮，即使是一小撮土堆，你也會把它看成萬仞高山。」

自信創造出的奇蹟無所不在，想成爲一個成功者，遇見困難的時候，就要充滿「我一定可以」的信心，勇敢去做自己不喜歡卻非做不可的事，活用腦力拓展生命的深度與寬度。

每個人都會遭遇失敗挫折，只會怨天尤人的人終究闖不過眼前的難關；與其老是搶天呼地，不如心存感激，把正在折磨自己的人事物當成磨練自己的難得機會，勇敢接受各式各樣的砥礪。

命運線就掌握在我們的手中，要呼吸或閉氣，決定權也在我們的手裡。

相對的，生命中所有的機會更是在我們的手上，要選擇放棄或把握，只有你自己才能決定。

鮑比是《Elle》雜誌的總編輯，才華洋溢的他，個性非常豁達、開朗，因爲他的生活哲學是：「生活，簡單、快樂就好！」

但是，如此放得開的人，卻仍不幸地遇上了可怕的病魔。

有一天早上，鮑比突然因腦中風倒下，四十三年的歲月，也在此時出現了重大的轉折。

死裡逃生的鮑比，經過幾個星期的搶救，終於渡過了危險期。但是，病魔仍然奪走他身上許多東西，陷入癱瘓的他，不能言語也不能行動，甚至連呼吸也要依靠輔助。

不過，他卻仍然樂觀地告訴自己：「還好，我還能思考！」

他靠著還能靈巧活動的左眼與外界溝通，這個深綠色的眼睛時而瞇著，時而閉上，時而瞪大。他努力地用這幾個簡單動作，傳遞自己生命的活力與訊息。

鮑比利用這隻眼睛，努力地與醫生溝通。當醫生拿著字母反覆朗讀時，會仔細觀察鮑比的左眼，只要他眨一次眼睛，便表示「是」，眨兩次便代表「不是」，然後醫生會記錄下鮑比所選擇的字母。

兩個人居然就在這個「眨眼」的動作中，完成了一本書，一本名叫《潛水鐘和蝴蝶》的著作。

出版後更是引起一陣熱烈的討論，因爲，每個人都被這個不可思議的寫作方式而感動，並感到震撼。

法國作家巴爾札曾寫過一段鏗鏘有力的話語：「不幸，是天才的晉身之階，信徒的洗禮之水，能人的無價之寶，弱者的無底之淵。」

人生確實如此奧妙，關鍵就在於如何面對生命中的各種打擊。

當厄運降臨鮑比的身上，並將他丟進深淵時，鮑比仍能靠著自己樂觀的意志力，爬出命運的深谷，並重新展翅在燦亮的陽光下，實踐他「快樂生活」的人生態度。

看著鮑比，想想我們自己，只是摔個跤、擦破了皮，就痛得呼天搶地，會不會太丟臉了呢？

看著經歷苦痛的鮑比，仍然保持著生命的熱情，即使喪失了一切，仍堅持展現驚人的生命活力，我們這才知道：「活著，就是機會！」

從中，我們獲得了什麼樣的力量與啓示呢？

生活可以用很多方式表現，只要還能呼吸，我們就有很多事情可以繼續，即使失去了一條腿的青蛙，也還能靠著水流，到達牠夢想的天地。

麻煩是幸福的代名詞

只要生命還持續著，腦袋還活動著，我們的煩惱與問題便會不斷湧現，日子有煩惱，我們才會知道幸福的滋味。

問題與解答往往是拆不開的拍檔，凡事有「因」便有「果」，唯一麻煩的是要如何結合它們，需要花點時間去說媒。

如果，你已經知道自己最終一定能成功了，那就不必再計較那丁點與成功磨合的時間吧！

紐約都會區的一個街角餐廳裡，有個企業家獨自坐在角落，愁眉深鎖地喝著悶酒。這時，有個店裡的常客走上前，向他打聲招呼：「你好，怎麼一個人在喝悶酒呢？有什麼問題嗎？不妨說出來聽聽，也許我幫得上忙。」

企業家冷淡地看了對方一眼，有氣無力地說：「你幫不上忙的，因爲我的問題太多，沒有人幫得了我。」

這位熱心的人拍了拍企業家的肩膀，接著掏出名片給他，「有事別悶在心裡啊！假如你想通了，明天就來找我吧！」

第二天，企業家依照名片上的地址，來找這個陌生人。這位熱心人士看見他來，開心地點了點頭說：「走，我帶你去一個消除煩悶的地方。」

企業家內心泛起疑慮，完全猜不透這個人要做什麼，因爲眼前這個僅有一面之緣的人，正帶著他來到荒郊野外。

當車子停下來時，企業家往窗外一看，沒想到居然是墓園。

完全摸不著頭緒的企業家，正要發牢騷時，這個熱心的人開口說：「你知道嗎？只有躺在這裡的人，才會完全沒有煩惱啊！」

企業家一聽，突然哈哈大笑，瞬間豁然開朗了。

羨慕別人沒有煩惱嗎？羨慕別人沒有問題傷腦筋嗎？

只要生命還持續著，只要腦袋還活動著，我們的煩惱與問題便會不斷湧現，正因爲生活有疑問，我們才會有所成長，正因爲日子有煩惱，我們才會知道幸福的滋味。

麻煩經常是幸福的代名詞，生活總是一帆風順的人，是無法學到面對狂風暴雨的應變訣竅。一有問題，只習慣逃避或丟給別人解決的人，也只能在有限的空間伸展他的生命。

這樣的人，當別人航向蔚藍的大海徜徉時，他只能在岸邊數著沙粒。

與其擔心害怕，不如前進解決。有問題就會有答案，只要你勇敢而確實去面對，再大的問題也都會有解決的方法。

苦難，讓生命更顯珍貴

所有苦難都是我們體驗生命的最佳機會。人生沒有走不過的難關，關鍵在於願不願意給自己多一點生命活力與支持力。

美國作家愛默生曾說：「每一種折磨或挫折，都隱藏著讓人成功的種子。」

的確，不論做任何事都需要勇氣，尤其是接受別人折磨的勇氣。因爲，如果我們不敢接受人生中的各種折磨，甚至不懂得感謝折磨你的人，就無法從折磨當中找到成功的眞諦。

能直接面對困難或險境的人，他們的勇氣總是有著無限的爆發力。

米契爾在車禍發生之前，正愉快地騎著一輛摩托車在公路上飛馳，時速約有一百公里。

當他習慣地偏頭看後方來車時，沒想到走在前面的大卡車突然煞車。幾乎來不及反應的米契爾，在危機中爲了保住性命，閃電似地按下摩托車的把手，讓車身側倒滑進卡車底下。

然而，沒想到油箱蓋卻在此時蹦開，悲劇就此發生，油箱裡的汽油濺灑出來，更被摩擦的火花引燃。

當米契爾甦醒時，他已經躺在醫院的病床上好幾天了。

全身百分之七十的三級灼傷，痛得讓他不能動彈，呼吸也極爲困難。

但是，他卻一點也沒有放棄求生意志，不斷告訴自己：「無論如何，我一定要活下去。」

靠著堅強的意志力，他走了過來，也重新展開他的人生與事業。沒想到，不久之後老天又捉弄了他，他居然又遇上一場意外。一場飛機失事，令米契爾的下半身從此癱瘓。

禍事接二連三，卻從未消減米契爾的鬥志。

後來，他成了美國最活躍的成功人士之一，他在巡迴演講時常說：「因爲這些經歷，讓我眞正地體驗到生命的成功與喜悅。」

後來，他更成了美國深具影響力的人物，不僅事業有成，還進入國會爲民喉舌，一九八六年他更當上科羅拉多州的副州長。

作家普里什文曾經寫道：「在那些曾經受過折磨和苦難的地方，最能長出思想來。」

其實，「折磨」是一件對人最有用的東西，因爲，它看起來有點像牡蠣，雖然會噴出擾亂我們前途的沙子，但體內卻隱藏著一顆顆可以讓我們邁向成功的「珍珠」！

飽受人生折磨的人，才懂得生命的珍貴。

當生命陷落之時，正是我們接受磨練、發揮韌性的機會。如果你總是躲在暗處垂頭喪氣，抱怨世界的不公，看看米契爾的例子，想想自己吧！

人生沒有困難或挫折，便不叫人生，沒有感受過冷冽寒風的人，又怎麼會知道太陽光是如何溫暖？

那麼多次的意外都沒有打倒米契爾，只是遇到一個小挫折的我們，怎麼甘心就這樣一蹶不起？

所有苦難都是我們體驗生命的最佳機會。人生沒有走不過的難關，關鍵在於你願不願意給自己多一點生命活力與支持力量。

跌倒時，要有立刻站起來的鬥志，拍拍屁股便能繼續前進，再艱苦的難關我們都能熬出頭。

同心協力是成長的動力

人與人之間都在相互影響中前進，也在相互幫忙中生活，只想倚靠自己完成所有事情，是很難做好每一件事的。

愛默生曾說：「不管你在爭論什麼，你的每一個想法都一定會與身邊的人有關，因為所有人都是相互依靠的關係。」

個人的力量是微弱的，整體的力量卻是無比堅強，在最艱困的時候，團結一致渡過難關的合作精神，可以幫助我們克服各種混亂。

有一組探險隊伍來到南極，不過，他們得在最後一次日落前離開，因爲接下來的一個月，這裡只有夜晚沒有白晝。

沒想到，他們卻估算錯了，最後竟來不及離開。

雖然食物與生活用品仍然充足，但是面對即將到來的永夜，與天寒地凍的氣候，每個人的心中開始產生了害怕與恐懼，情緒也開始低落。

黑幕降臨，寂寞與枯燥開始侵襲每個人，終於有人承受不住了。這個隊員完全不吃不睡，不論其他伙伴如何鼓舞他，或是安慰他，他都像南極的冰原被冰凍起來似的，完全沒有反應。

其他人爲了幫助他，用盡各種方法，大家聚在一起討論與勸慰。忽然，他們發現，只要有人跟他說話，他的症狀便會緩和一些，特別是有人說故事的時候，他的反應與表情會更明顯、生動。

後來大家決定，每個人輪流一天，爲這個病人說一個故事，即使想不出故事，也要硬編一個。

爲了幫助這個朋友，大家開始發揮無限的想像力與創造力，也編出許多千奇百怪又趣味橫生的精采故事。

於是，在這些精采故事的輔助下，病人的症狀不再惡化，他們也在這些故事中相互扶持，熬過一個又一個寒冷的黑夜。

當第一道朝陽從天空亮起時，每個人都忍不住高呼，因爲極地的日出是如此的美麗，讓他們更開心的是，此刻大家能一同享受如此溫柔的光照。

這個故事是由其中一名探險隊員傳遞出來，而他就是那個「病人」，不對，應該這麼說，其實他並不是病人，而是一位急中生智的「醫生」。

當時，他判斷大家的情況，認爲若再不想個方法解決，所有人可能都無法再見到太陽了。所以，他讓自己「瘋」了，並激發大家相互幫忙的動力，同心協力讓彼此都能「活下去」。

從這個故事當中，我們知道，人與人之間都在相互影響中前進，也在相互幫忙中生活，只想倚靠自己一個人完成所有事情，是很難做好每一件事的。畢竟，我們從出生開始，就在人與人之間的互動中學會生存與成長。

不管在生活或工作之中，每個人都得到許多人的幫助，就像我們欣賞一齣舞台劇，其中會有作曲者、表演者、劇作家和舞台設計者……等等，如果沒有他們一起同心協力完成所有工作，我們便無法欣賞到精采的表演。

同心協力可說是成長的動力，即使這個世界提供了再好的環境，若是沒有那些默默付出、爲了人類更美好的未來而努力的人，我們如何享受今天的便利與幸福的生活？

改變一生的「一滴」智慧

我們的心中產生了排拒，於是我們不知不覺地給了自己「瓶頸」，阻礙自己的發展，並給自己怠惰與退縮的藉口。

不必羨慕孩子們的歡樂世界，因爲我們也可以擁有。

只要我們學他們一樣，用好奇的眼睛尋找快樂的生活方式，用開心的角度面對生活中的喜怒哀樂，那麼我們的世界也可以像孩子們一樣美麗，同時充滿智慧的光芒。

有個青年在一家石油公司上班，由於他的學歷不高，因此公司派給他的工作很簡單，不需要什麼技能，甚至連小孩子都能勝任，那就是巡視並確認石油罐蓋是否自動銲接完成。

石油罐在輸送帶上移動到旋轉台上時，銲接劑便會自動滴下，沿著蓋子回轉一圈後，這個作業就結束了。他只需要跟著這個流程來回盯緊，有任何問題立刻通報。

每天都是這樣單調的反覆動作，做沒幾天他便開始厭煩，很想換工作的他，卻又遲遲找不到其他工作。但是，面對這個一成不變的工作型態，他的心裡已經產生了排斥：「這該怎麼辦才好？」

轉念間，他對自己說：「想一想，有什麼地方可以突破吧！」

從此，他更集中精神觀察這個銲接工作，不久之後有了小發現。

他發現罐子旋轉一次，銲接劑便會滴落三十九次，然後這一趟工作便結束，重新開始。

於是，他心裡想著：「在這一連串的流程中，有沒有什麼地方是可以再改善的呢？」

忽然，他拍了自己的頭一下說：「如果能讓銲接劑減少個一兩滴，不就能夠節省成本嗎？」

不久，他終於研究出一台「三十七滴型」銲接機，然而這台機器並不成功，在滴落的過程中頻頻出錯，很快便被淘汰了。

不過，他一點也不灰心，繼續研發出「三十八滴型」銲接機，幾經試驗與運作，終於成功了，雖然只節省了「一滴」，但是這年卻爲公司帶來了五億美元的利潤。

這位青年，正是後來掌握全美製油業百分之九十五實權的石油大王，約翰·洛克菲勒。

洛克菲勒的成功關鍵，在於懂得轉化工作態度，並在一般人容易忽略的小事上，發現其中的特別處。

如果，我們也能把故事中的生活態度，帶進生活之中，相信就不會有枯燥與乏味的工作了。

其實，所謂的「瓶頸」並不是眞的無法突破，而是目前的生活或工作，已在我們的心中產生了排拒，於是我們不知不覺地給了自己「瓶頸」，阻礙自己的發展，並給自己怠惰與退縮的藉口。

如何寓工作於娛樂，這就要看我們如何轉化了。

你知道爲什麼孩子們，看起來總是如此天眞開心、無憂無慮嗎？

因爲，他們的生活態度很簡單，那就是用開心的生活態度，尋找快樂的方程式；即使遇到了不開心，他們也會換個位置看事情，努力挖掘出其中的快樂因子。

充滿好奇，才能激發挑戰的勇氣

如何讓我們前進的一小步，成為人類發展的一大步呢？答案很簡單，那就是隨時保持好奇心與挑戰的勇氣。

日本文學家芥川龍之介曾說：「也許你走了九十九步，但是路卻只走了一半；有人只走了一步，就已經完成了成功的一半。」

那是因爲，如果一個人沒有明確的奮鬥目標，就像一艘無舵之船，永遠也不知道自己究竟要航向何方。

無法找出正確的航路，那就只能在茫茫大海中盤桓打轉，即使轉變的契機就在眼前，也會視而不見。

德國科學家魏格納已經在病床上躺了好幾天，這天他在病床上休息時，無聊地看著已經背熟的世界地圖。

當他一如往常地隨意觀察這張地圖時，卻有了一個重大發現，他發現大西洋兩岸的地形似乎像拼圖一樣，能夠組合起來。他仔細地研究亞馬遜河流域區凸出的部分，與非洲大陸西岸的剛果、幾內亞凹進去的地方做比對，居然可以將它們完全拼合在一起。

這個驚人的發現，令他非常興奮，更由此延伸出許多全新的科學思考。

他開始思索，這兩個大陸原先是否是連在一起的？又是什麼原因致使它們分開的呢？想到這裡時，魏格納立刻從病床上下來，滿臉神采飛揚，完全不像受過病痛折磨的人。

從那天開始，他著手收集地質學、古生物學等相關資料，終於讓他提出了「大陸板塊移動」的全新理論。

有人不禁要問，研究世界地圖的人那麼多，爲什麼只有魏格納發現其中的奧妙呢？

從許多數學邏輯上的概念，我們也能獲得生活上新的思維，就像貝爾在發明電話時，只是把一個旋鈕多轉了幾圈，就改變了世界通訊的未來。

當太空人第一次登陸月球時，傳回來的第一句話不正是：「我的一小步正是人類的一大步。」

但要，如何讓我們前進的一小步，成爲人類發展的一大步呢？

答案很簡單，那就是隨時保持好奇心與挑戰的勇氣，在我們生活周遭還有許多尚未開發與創造的事物，它們也正散佈在你我的生活周圍，期待著被我們發現，爲人類開啓另一個新紀元。

失業是一個新機會的開始

最容易激發出無限可能的時機，正是我們最沮喪、最困頓的時候。
只要突破，任何失敗都會成為我們最有力的助手。

人生過程當中，經歷過失敗和折磨，其實並不是什麼壞事，因爲，有什麼樣的經驗，就會成爲什麼樣的人；經驗越豐富，人的個性就越堅強。只有體驗過生活必須承受的痛苦，才能體會生命的快樂和更深層的意義。

人在失意的時候，體內沉睡的潛能最容易被激發出來，因此，當我們受挫遇困時，別急著垂頭喪氣，先換個角度想想，也許機會就在失意的轉角處等你！

亞特原本是位非常優秀的播音員，但有一天，卻莫名其妙地被老闆解僱了。面對這個意外的失業，亞特的心情相當沮喪，一回到家，便不發一言，把自己關進了房間裡。

但是，過了一分鐘之後，他卻滿臉笑容地走了出來，並開心地對老婆說：「親愛的，我終於有了自立門戶的機會。」

第二天，亞特積極地走了出去，並迅速地成立了一家傳播公司。

不久，他還製作一個「風趣人物」的節目，由他親自主持，也是自此開始，亞特成了美國電視螢幕上的風雲人物，而且歷久不衰。

後來，亞特還把自己的這段奮鬥過程，撰寫成一本激勵人心的書，書名就叫做《是的，你能！》。

他在書中提到當年遭遇挫折的體驗，以及如何將情緒轉化，成爲日後成功的助力。而且，他也認爲，這些心理上的轉化原理，同樣適用於大多數的失意者身上。因此，他一字一字地寫出來，希望能讓更多人像他一樣走出低谷，看見危機裡的另一個新契機。

詩人拜倫曾經說過：「折磨是通往成功的第一段道路。」

就像亞特一樣，生命中最容易激發出無限可能的時機，正是我們最沮喪、最困頓的時候。

只要突破這最艱難的情況，任何失敗都會成爲我們最有力的助手。

在尚未找到新工作前，要利用這段休息的時間累積能量，讓自己的未來能走得更加穩健、長遠。

看了這個故事，你還害怕失業嗎？

別擔心，亞特不是告訴我們：「失業，也是另一個就業機會的開始。」

利用勇敢與機智化解危機

要懂得人性心理，準確地捉住對方的心思，訓練自己的膽識，讓勇敢與機智相輔相成，把每一次危機化解為轉機。

不管工作、生活或人際交往，都會有不順遂的時候，也難免出現危機，但是，只要我們願意換個角度觀看，發揮自己的機智，糾葛往往就能迎刃而解。

機智並不容易獲得，卻是我們成功的重要因素，也唯有勇氣與機智配合，才能幫助我們度過重重難關。

有個發生在美國的眞實故事。

有一天，瑪麗打開前門時，猛地迎見一個面露兇狠的持刀男子。

瑪麗嚇了一大跳，但也立刻明白：「糟了，搶劫！」

然而，勇敢的瑪麗立即鎭靜了下來，微笑著對這名男子說：「朋友，您是來推銷菜刀的吧！讓我看一看這把刀，嗯，看起來挺不錯的，我就買下這把刀吧！」

接著，她讓這個男子進屋，並且一派輕鬆地說：「你很像我以前一位熱心的鄰居耶！見到你，讓我的心情感到非常愉悅，對了，你要喝咖啡，還是紅茶呢？」

這個原本滿臉殺氣的男子，此刻竟有點手足無措，結巴著說：「不必了，謝謝，謝謝！」

瑪麗笑著送來一杯熱咖啡，接著拿出錢，向男子買下那把刀。

這個完全亂了計劃與思緒的男子，看著手中的錢遲疑了一下，接著便走了出去。當男子走到門口時，忽然又轉過身來。

就在這令人屛息的一刹那間，男子對瑪麗說：「小姐，謝謝您改變了我的一生……」

什麼才是面對事情的最好方法，並沒有標準答案，因爲這牽涉一個人的性格、處事態度與應變能力，不過，我們仍舊能透過模擬各種狀況，讓自己更沉著，更機智。

眞正的勇敢一定伴隨著沉著與智慧，因爲只有具備機智的勇氣，才會有處理問題的睿智，也才會有臨危不亂的應變能力，避免流於「匹夫之勇」，對別人和自己造成傷害。

眞正的勇敢要像瑪麗一樣，臨危不亂，發揮機智，才能同時化解自己與他人的危機。

因此，我們要懂得人性心理，準確地捉住對方的心思，更要訓練自己的膽識，讓勇敢與機智相輔相成，把每一次危機化解爲轉機。

態度是最重要的生活元素

任何事情都是牽一髮而動全身的。即使只是個小小的好奇動力，即使只是一個平常態度，都是你成就未來的重要元素。

俄國作家高爾基曾說：「仁慈的上帝賜給我們兩耳和雙眼，為的是世上發生的一切，我們都該耳聞眼見。」

觀察力弱的人通常對周遭環境的細微變化缺乏警覺性，任何事交代在他的手中，只有失敗的分了。

想著。

「唉，今天的面試肯定又沒指望了。」比爾在開車回家的途中，失望地這麼

「嘎！」在平坦的道路上，車子忽然輾到了一根樹枝。

就在這個時候，比爾發現在這個人跡罕至的路旁，有許多樹木莫名其妙地被折斷，心想：「這陣子又沒有暴風雨，怎麼可能斷裂成這樣？一定是有人故意弄斷，真是沒有公德心。」

比爾心中不斷咒罵那些缺乏公德心的人，而且越前進，樹木被損毀的情況越嚴重。火氣越來越大的比爾，終於把車停了下來，走進樹林，要把這個沒有公德心的人揪出來。

地上有好幾行破壞自然美景的人留下的腳印，比爾想：「我絕不能放過這些傢伙！」

不過，比爾的心中卻又有一道聲音反駁自己：「你自己的事都搞不定了，哪有閒情管這些閒事呢？」

雖然這麼想，比爾的雙腳仍不自覺地跟著足印前進，循著腳印，來到了樹林

深處的一棟老舊房屋前。

小木屋的門窗全緊閉著，裡面一點聲音也沒有。好奇的比爾躡手躡腳接近木屋，小心地躲在透明窗邊，仔細向裡頭張望。

沒想到卻讓他發現一個驚人的景況，屋裡有幾個拿著手槍的人，正在威脅一個綁在椅子上的男人。

比爾心頭閃過一個念頭：「是綁架！」當他這麼一想，心跳更爲加速。

他連忙吸口氣，鎮定自己的情緒，接著小心地循著原路回到車上，連忙撥打行動電話通知警方。警方抵達後，很快地便把這群綁匪一網打盡，人質正是當地最著名的億萬富翁。

比爾後來才知道，這個案件已經發生了好幾個月，警方偵辦了很久，正陷入膠著狀態中。

如今，比爾卻因爲折斷的樹枝，意外偵破了這個案件。

當他接受警局表揚時，富翁也來到現場，還允諾要給比爾一筆錢與工作機會，以報答他的救命之恩。

沒想到，比爾卻一口回絕了富翁的贈與和幫助，他說：「這不是我的功勞，也不是什麼奇蹟，我本來是要找破壞樹木的人，沒想到反而意外地發現了這件綁架案。」

最後，富翁買下這片樹林，並將這塊土地整頓成爲一座森林公園，比爾則成了這座公園的管理員。

在公園的入口處矗立著一個告示牌，上面寫著：「沒有奇蹟，一切都是大自然的贈與。」

沒有奇蹟，一切都是順其自然地發生，因爲，比爾只是順著自己的好奇與敏銳的觀察力，發現了這樁綁架事件。如果仍然有人非得說它是奇蹟，不如讚美比爾有著超乎尋常人的觀察力與警覺性。

一般人壓到了樹枝，什麼感覺也沒有，更不會好奇地下車探尋問題的來源，所以，「機會」自然也不會發生在自己身上。

觀察力薄弱的人，多數也缺乏警覺性，因此這些人經常小事出錯、大事遺漏，做什麼事情都丟三落四，更別提責任感有多大了。

就像食物鏈的規則一樣，每件事牽動的不會只有單一事項，因為責任感弱，觀察力弱，做事態度又差，因此任何大小事到他們手中便會錯誤百出，如此一來，「機會」怎麼敢靠近他們的身邊呢？

別忽略自己的小能力，也別輕忽自己的生活態度，任何事情都是牽一髮而動全身的。即使只是個小小的好奇動力，即使只是一個平常態度，都是你成就未來的重要元素。

PART 4

因爲懶惰，才有一大堆藉口

別再把時間浪費在尋找藉口或理由身上，
只要我們把尋藉口的時間節省下來，
就有更多的時間向前邁進！

每個小念頭都是成功的開始

福樂曾說：「如果你知道自己需要什麼，那麼當你遇見它時，便能非常精準地捉住你的目標物！」

生命不斷地流轉，每個人都必須爲自己的人生做好最佳選擇。

想要有一番成就，就不能老是躺在沙發上做白日夢，必須下定決心採取行動，用踏實的做法實踐腦中的想法。

不要擔心自己的想法不夠成熟，也不要畏懼過程中可能遭遇的折磨。

西方諺語說：「所有偉大的成就，都是從一個小念頭開始。」

當你知道自己想要的是什麼，你就能精準地捉住你的目標！

福樂是一個黑人農奴的兒子，從五歲開始就得到田裡幫忙。

不過，生活貧困的福樂家，卻有一個不平凡的媽媽，因爲，她發現福樂的與衆不同。

福樂的母親經常鼓勵他說：「福樂，你要記住一件事，我們的貧窮並不是命中注定，因爲上帝從未限定我們的未來，只要你有出人頭地的企圖心，就一定能突破貧窮。」

因此，從小時候開始，福樂心中不時出現這麼一個觀念：「我可以拋開貧窮，走向富裕！」

福樂想改變貧窮的動力，像火花一樣燦爛綻放。

出社會後，他選擇行銷工作，每天都非常努力地捧著滿箱的肥皀，挨家挨戶地兜售，而且一做便是十二年。

許多合作的伙伴都非常欣賞福樂的工作態度，在職場上他不僅獲得了同行的尊重與讚賞，更讓公司裡所有的同事臣服，這也讓他在接管公司後不僅營運狀況順利，更成功地整合了其他七家下游公司，成爲一個非常具有規模的企業集團。

福樂總裁經常對員工說：「只要有決心，機會就是你的！」

不論是追求財富、健康與功名，或是尋找快樂、自由與利益，面對每一個目標我們都要有鍥而不捨的奮鬥精神。

福樂曾說：「如果你知道自己需要什麼，那麼當你遇見它時，便能非常精準地捉住你的目標物！」

只要是決心成功的人，都會不計一切的努力達成目標，即使遇到比別人更爲艱難的險境，即使現在必須過著困苦的日子，都能堅持下去。

正因爲他們下定決心要成功，所以只看得見成功的終點，而看不見眼前各種辛苦的折磨啊！

成敗之間總是只差最後一步

遇到問題或困難，我們首先要鎮定情緒，只要把問題癥結找出來，就一定能把事情解決，找到生命的出口。

德國歷史學家蒙森在《羅馬史》裡寫道：「運氣總是喜歡在某些時刻撤退，為的是要讓你以堅毅不撓的努力，把它重新召喚回來。」

許多人總是在成功的門口懊悔不已，因爲，他們總是在決定放棄之後才發現，只要再走一步，就可以進入成功的殿堂。

離山村不遠，有個棄置許久的礦坑，礦工們基於安全顧慮，在決定廢棄時便將洞口堵死。

不過，經過日曬雨淋之後，這個封塵許久的洞口開始坍塌，不久之後更露出一個洞孔，人們可以看見裡面漆黑的礦坑世界。

這天，有兩個放牛的小男孩發現了這個洞口，好奇地探頭張望。由於很想知道洞裡有什麼東西，他們立即找來一個火把，大膽地鑽進洞裡探險。

一鑽進洞裡，呈現在他們眼前的是一個新奇的世界，礦坑又深又長，坑道更是錯綜複雜，裡面就像一個迷宮般，兩個人像探險家般，興奮不已地繼續前進，順著其中一條軌跡尋去！

但是，火把卻在此時燃燒完畢，兩個人頓時置身在黑暗與寂靜中，坑洞裡寒涼的溫度讓他們產生了恐懼。他們慌張地往回走，但是卻怎麼也找不到出口，恐懼與焦急的心理越來越強烈，不久便在裡面橫衝直撞。

很不幸的，三天後，孩子的父母在距離出口不到五十公尺的地方，找到了他們的屍體。

法醫檢驗後，歎息地說：「依他們的身體機能，想走出洞口求救，一點也沒有問題。他們其實是被自己所殺，因爲過度的驚恐與絕望心理，讓他們失去了求生的意志力。」

兩個孩子一定非常努力地尋找出口，但因爲長時間的黑暗，讓他們失去了鎮定，陷入極度的驚恐與絕望，最後在距離出口不到五十公尺的地方，放棄了最後希望。

這似乎也是許多人的經驗，當我們在尋找生活的出口時，一遇到困難，就像急得熱鍋上的螞蟻，只會到處亂撞亂闖，完全無法鎮定下來。

別忘了，我們是能思考的人類，既然我們可以找到入口，那麼，最後也一定能找到出口。因爲，入口處也可以是出口處，即使到後來無法找到成功的入口，我們也仍然可以回到原點，重新開始。

因此，遇到問題或困難，我們首先要鎮定情緒，只要把問題的癥結找出來，就一定能把事情解決，找到生命的出口。

下定決心，你就一定能成功

唯有靠自己的實力與決心，你才能完成別人所不能的事，而且成功的機會也將比別人多出好幾倍。

一旦你習慣了伸手向人乞討，再想靠自己站起來的機會，幾乎等於零；如果你沒有決心向前邁進，成功對你而言，只是個不能實現的夢。

其實，人類的生命韌性是無法預估的，如何讓它發揮出來，主控權正在你我的手中，我們的未來只有自己才能掌握。

安琪從小便是個孤兒，剛出生不久，母親便不幸地過世了，至於父親，她從未見過。

當她八年級的時候，有個阿肯色州的親戚收養了她。

當時的安琪比一般同齡的孩子們重了二十磅，行動非常不方便，此外，她還得離開從小一起長大的朋友們，小小的心靈自然非常難過與不捨。不過，當許多人心疼安琪小小年紀就要歷經這麼多事情時，她反而堅強了起來。

她來到親友家後，便決心要重新展開自己的生活。她開始執行她的減重計劃，每天努力運動消耗多餘的脂肪，而且，也從跑步中體會出另一種生活樂趣。

她發現，自己體能開始增加，生活也就越來越有活力了。

很快地，安琪的體重已經減下來了，但是她並沒有因此而鬆懈下來，反而更加努力訓練自己，還開始參加一些運動競賽。

當安琪成爲阿肯色州立大學四年級的學生時，已經獲得了三項馬拉松及長跑冠軍，其中包括兩次奧爾良馬拉松大賽與曼培斯競走，以及亞特蘭大的十公里長跑，後來，她更成爲美國著名的運動員。

就像許多成功的運動選手一樣，安琪堅信自己能克服一切，她擬定明確的人生目標，讓潛能發揮得淋漓盡致，終能獲得成功。

當安琪重新振作自己時，身上的各種能量也一一開啓。所以，沒有什麼事是不可能，不要讓眼前的阻礙成了退縮的藉口。任何奇蹟都可能發生，只看你願不願意行動，有沒有實踐的決心罷了。

你還再等著別人的救援嗎？

一個無法自己站起來的人，再多的救援也只是枉然。天助自助者，在你我身邊處處可見這樣的例子。唯有靠自己的實力與決心，你才能完成別人所不能的事，而且成功的機會也將比別人多出好幾倍。

用積極的態度面對問題

遇到麻煩時，應該有處理危機的智慧與勇氣，相信如果能有這樣正確的態度，你將能輕鬆越過生命中任何障礙！

人生是一次航行，航程之中必然遇到從各個方面襲來的勁風，然而，只要你用積極的態度面對，每一陣風都會加快你的航速。

不要抱怨生活中那些突如其來的暴風雨，也不要消極地看待出現眼前的難題，如果你不勇敢面對，不積極解決，難題就不只是難題而已，它們還會擴展成更大更嚴重的危機。

不是把問題掩埋就算把問題解決了，就算問題真的可以用橡皮擦塗抹掉，但難道你心中的疑惑能就此解開嗎？

遇到問題不要逃避，因爲問題之所以會出現，就是想給我們一個機會，一個累積經驗與考驗我們能力的絕佳機會。

前些日子，有兩個相鄰的小村莊同時遭到雷擊，同時深陷火海之中。

當時，東村的村民眼看著火勢越來越大，有人曾遲疑：「火燒得這麼旺，滅不了了，先保全性命要緊！」

但是，面對辛苦建立的家園就將毀於火海之中，實在很捨不得，於是村長立即要大家全員出動，同心協力阻止這個火勢。

但是，這場大火十分兇猛，村民們用盡各種方法也無法阻擋它，只見火勢越來越猛烈，絲毫沒有熄滅的跡象，最後他們只好一個又一個地退到家園外，然後只見人人雙手一攤，眼睜睜地看著整個村莊化爲灰燼。

那西村的情況呢？

鏡頭轉到西村，只見當地村民們一發現火苗便立即採取行動，一分一秒也不耽擱，人人順手拿起身邊可以滅火的工具和物品，接著便迅速奔向著火的目標物，並死命地用力撲滅火勢。

當拖把、掃帚，乃至村民們身上的外衣不斷地在著火處上下撲打後，只見那紅通通的火苗也跟著慢慢地消失了。

靈活運用身邊事物的西村村民們，最後在眾人共同他們的努力下免去了「滅村」的危機。不僅如此，他們還因爲這場大火體驗到了同心協力的感動。

一場突如其來的大火燒出了兩個結果，也燒出了令人印象深刻的啓發典範，特別是當我們從文字中讀到西村村民們積極搶救家園的精神時，相信你也忍不住泛出淚光吧！

對照西村村民積極求災所產生的結果，當我們看見東村人選擇放棄時，心底不免要尋思：「面對危險，在力圖突破時，難道不能有第二個選擇？」

其實，不是不能選擇放棄，而是故事中的東村村民從來都沒有努力突破的企圖心，從發現火勢開始，便懷疑撲滅火勢的可能，到了最後，搶救的身影一個接著一個退到家園之外，你我的心中當然會出現質問的聲音：「他們爲什麼不肯盡全力一試？」

這一場大火燒出了讓人深思的問題，也照亮了願意克服難關的勇者之光。

我們試著轉換個角度來解讀，其實當我們遇到麻煩時，不也應該有西村人的精神，不也要有像他們一樣處理危機的智慧與勇氣？如果能有這樣正確的態度，相信我們都將能輕鬆越過生命中任何障礙！

人生只能選定一個方向前進

也許前進的路徑會有很多條，但是最後的目標只有一個，找出你真正的最愛，每一步都朝著目標前進。

經常聽見許多人說：「我的興趣太多了，不知道要選哪一樣才好。」

然而，更多的成功者會這麼問：「你是眞的興趣太多，還是根本不知道自己的目標在哪裡？」

選定你的人生目標，堅定地往這個目標前進，才會有眞正成功的一天。

榮獲諾貝爾獎的物理大師楊振寧教授，某次演講與聽眾分享他的成功經驗時，是這麼說的。

從小，他就是個很不聰明的孩子，上小學時進度總是跟不上，作業簿上更是寫得亂七八糟，成績評比出來，老師的評語都是「粗心」二字。

到了中學，在只有三十個人的班級裡，成績也只有第五或第六，從來沒有跨越到第五名之前。

然而，也正是在中學時，他發現自己在物理方面特別得心應手，而且也非常有興趣，從此下定決心，要朝著「物理」方向前進。

到了讀大學時，他自然毫不猶豫地選擇了物理系，從此以後與物理一輩子都結合在一起。

他說：「許多同學研究了三年的物理學後，便改學化學，不久又改向工程學，只有我，自始至終都在『物理』。」

他還說：「我有個很要好的朋友，不管在什麼領域都非常優異，而且興趣廣泛，但是在進入大學後，方向卻搖擺不定，一會兒讀數學，一會兒又改讀生物，甚至最後跳到了音樂，最後當然要一事無成了。」

在我們的心中，其實都有一個很明確的方向，有人因爲沒有信心、沒有勇氣，才會有那麼多藉口推說：「難以成行。」

正如楊振寧教授所說，即使ＩＱ一八〇的孩子，如果從小到大漫無目的地學習，完全沒有自己的方向，學一樣便放棄一樣，天才也要變蠢才了。

確定你的目標吧！每個人一定會有一樣最感興趣的事物，即使擁有再多樣的喜好，也會有最愛。

也許，前進的路徑會有很多條，但是最後的目標只有一個，盡快找出你眞正的最愛，每一步都朝著目標前進，即使沒有結果，也必有所得。

從錯誤中發現正確的道路

唯有積極地看待，視錯誤為改善的新契機，那麼錯誤才會是你成功的轉機。

安全舒服、沒有任何困難的生活，無法使人獲得眞正的成功。相反的，只有遭遇過失敗挫折，並且設法超越的人，方能開創燦爛的前景。

成功學大師戴爾．卡耐基曾說：「人要懂得從失敗中培養成功，因為，障礙與失敗，就是通往成功的兩塊最穩靠的踏腳石。」

只要心態正確，很多時候，我們從錯誤中學習到的經驗，反而比成功的過程中更多。

克服失敗時的恐懼，克服犯錯時的憂心，以正確、積極的態度面對失敗，從這些錯誤中，我們會學習到更多的新體驗。

可口可樂公司每年都會舉辦一個比賽，讓各校學生們發揮團結與創意，在操場上拼出一個「Coca Cola」的圖形，獲勝的隊伍可獲得一萬美元的獎金。因爲金額很高，每個代表隊伍無不卯足了勁，全力爭取。

比賽時，可口可樂公司有一項要求，即參賽選手必須穿上印有「可口可樂」標誌的運動衫才能上場，否則便是不符規定，會被取消資格。

然而喬治亞州有一間學校的中學生，卻不幸犯了這個嚴重的錯誤。

當麥克匆匆忙忙地來到體育場，卻見領隊滿臉怒氣地看著他，原來，他忙中有錯，身上穿的居然是一件百事可樂的宣傳運動衫。

麥克當場被老師責罵了一頓，學校更爲此處罰他停課一天。

事情發生時，麥克也非常自責，他實在不知道怎麼會穿錯了衣服，一整天都悶在家裡的他，便打電話給某call in節目訴苦。

在傳播媒體的放送下，他的情況正巧被一個民權自由聯合會的組織聽見，他們認爲，這是麥克對抗商業化的勇敢舉動，於是，他們發起了一個行動，抗議校方剝奪麥克的就學權益。

經過媒體的傳播，一夜間麥克成了全美最著名的人物，有許多人願意出面幫忙，還有些名校特別提供名額給他，讓他轉校就讀呢！

而「百事可樂」獲得免費宣傳，更是喜出望外，派人送了一箱「百事可樂」的運動衫給麥克。

麥克完全沒想到，撥一通電話，居然會獲得這麼多鼓勵與支持，他更沒想到最後的結果卻是因禍得福。

一個人會不會有傑出的作爲，並不在於身處順境展現多少能力，而是在於感到徬徨迷惑之時，能否換個角度看世界，激勵自己一定要充滿信心，然後用自信扭轉自己所處的逆境。

有些人遭遇挫折就自暴自棄，最後和自己的人生目標背道而馳，但是某些人卻把折磨當成是老天贈送給自己的禮物，從錯誤中發現正確的道路，最後開創出嶄新的生命版圖。

其實，在錯誤中，我們也能得到另一種生活反思，聰明人會從錯誤中看見更多正確的路，正如ＩＢＭ的創始人華特生所說的：「成功的法則，就是把犯錯的速度提高一倍。」

這是因爲，我們從失敗和錯誤中所學到的東西，往往比成功的過程中學到的還要多。

沒有人不會犯錯，也沒有人希望自己犯錯，重點是我們怎麼積極地看待這些「錯誤」。

以消極態度看待錯誤的人，不僅會不斷犯錯，還有可能會不斷重蹈錯誤，唯有積極地看待，視錯誤爲改善的新契機，那麼錯誤才會是你成功的轉機。

因為懶惰，才有一大堆藉口

別再把時間浪費在尋找藉口或理由身上，只要我們把尋找藉口的時間節省下來，就有更多的時間向前邁進！

成功的人只知道要尋找方法，而失敗的人只會有諸多藉口。

想想自己，是不是老是爲了偷懶而給自己一堆理由？

想成功的人，希望能實現夢想的人，連尋找成功方法的時間都不夠了，哪還有時間尋找怠惰的藉口呢？

以培育將領人才聞名的西點軍校，長期以來以「沒有任何藉口」作爲校規，在這樣環境下培養出來的軍人，責任感與服從命令的精神也比其他人來得強烈。

有一回，連長故意派賴瑞去辦理一些棘手的事情，而且還限時三個小時內必須統統完成，這其中包括找一位長官、請示上級與申請物資……等，總共有七項任務。

賴瑞知道這些工作的難處，但是一句怨言也沒有，反而爲自己打氣說：「我一定能完成。」

開始進行任務之後，賴瑞便遇到了麻煩，因爲連長急需使用的醋酸鹽，庫存量正好不足。

在辦公室裡，賴瑞滔滔不絕地向負責補給的中士說明緣由，希望中士能體諒，將僅存的醋酸鹽撥一點給他，以解燃眉之急。

不管中士怎麼拒絕，賴瑞一點也不放棄，不斷地苦苦哀求，終於讓中士投降了，將庫房裡僅剩的醋酸鹽都交給了他。

賴瑞將最麻煩的事情解決之後，很快地在連長規定的時限之內，也把所有的任務都完成了。

當連長聽完賴瑞報告完成任務所經歷的過程時，也不得不佩服他全力以赴的使命感。

原來，這個難題是連長故意交給他，想考驗他的辦事能力，並作爲遴選新辦事員的參考。

當然，以賴瑞的辦事態度，連長根本不再考慮其他人了。

賴瑞事後回憶說：「因爲時間有限，我根本沒有多餘的時間多想，只想著要如何竭盡全力把任務完成而已，所以，哪有時間想『萬一無法完成』的情況與藉口。」

有位作家曾經如此寫道：「人生是一次又一次的航行，航行中必然遭遇各方面襲來的疾風勁浪，要到達夢想中的港灣，就得迎向風浪。」

成功從來就不是靠運氣，而是靠不斷地努力。

當然，努力的過程中，無可避免地會遭遇阻礙和失敗，這時就必須一一加以克服。即使遇到層出不窮的挫折，只要勇於面對，不替自己尋找退縮的藉口，那麼無論多艱困的目標，最後也能圓滿達成。

只有那些沒有盡力完成工作的人，才會有諸多藉口推搪責任。

成功的人不是沒有藉口，而是他們沒有時間想藉口，他們就像賴瑞的情況一樣，對他們而言，只准成功不能失敗的鬥志，讓他們只記得思考腳上的步伐，根本沒時間想到休息的藉口。

所以，別再把時間浪費在尋找藉口或理由身上，而要盡全力前進，只要我們把尋找藉口的那些時間節省下來，就有更多的時間向前邁進！

美麗的奇蹟來自腳踏實地

不必尋找成功的捷徑，因為只有穩健踏實地前進，你的成功地基才會比別人深厚、紮實，也才能看見自己的美麗奇蹟。

一個人能不能順利完成自己的夢想，締造看似不可能的奇蹟，很多時候並不在於擁有過人的天賦，而在於是否擁有鍥而不捨的實踐勇氣。

萬丈高樓平地起，即使是我們的潛能，也是日積月累的磨練和誘導，才激發出來的。

當你來到海洋公園，看見重達八千六百公斤的大鯨魚，凌空躍出水面約六公尺高時，你一定會忍不住發出驚歎的聲音，當然，牠們會繼續表演各種雜技，讓你的掌聲完全無法停止。

這隻鯨魚的訓練師說，訓練之時，他們先把繩子放在水面下，只要鯨魚通過繩子後，便會給予獎勵，大鯨魚爲了獲得獎勵，慢慢地學會了穿越繩子的能力。接著，訓練師慢慢地將繩子提高，不過升高的速度不能太快，鯨魚才不會因爲失敗而感到沮喪。

如此的訓練，其實正是一種心理戰術，只要懂得技巧，任何人都可以做到，但是爲什麼仍然有人失敗呢？

那是因爲多數人過分急著追求成功的結果。心急的訓練師，讓配合的動物或人也失去了耐心，沒有一步步踏實累積，所謂的「奇蹟」自然也就無緣發生了。

所以，大鯨魚的奇蹟，能被列入世界紀錄，正是一個懂得刺激牠的訓練師，明白鯨魚心理，以鼓勵、讚賞和肯定的方式，讓鯨魚發揮最大的潛能，創造大鯨魚飛躍天空的美麗奇蹟。

像人類不斷創造奇蹟一樣，動物們神奇的特技表演，也是靠日積月累訓練出來的成果。

故事裡的大鯨魚，給了我們一個訓示，那便是「沒有人能一步登天」。能攀上高峰的人，都是靠著一步一腳印地慢慢累積，美好的未來，也是靠著人們一天又一天地努力經營，才會有璀璨的遠景。

這不僅是大鯨魚的奇蹟，也是訓練師的奇蹟，羅馬不是一天造成，每個成功者的故事背後，其實都有許多不爲人知的付出。

我們不必尋找成功的捷徑，因爲只有穩健踏實地前進，你的成功地基才會比別人深厚、紮實，也才能看見自己的美麗奇蹟。

經驗必須靠自己親身體驗

每個寶貴的經驗都要靠「親自體驗」，才能真正從中汲取訣竅，享受成功的滋味。

俄國諷刺作家契訶夫曾說：「人要有三個頭腦：與生俱來的頭腦，從書籍中得來的頭腦，從生活中得來的頭腦。」

所謂「從生活中得來的頭腦」，指的就是經驗的累積與領悟。

由於成長環境不同，經歷的際遇不同，加上個性不同，解讀事物的角度不盡相同，因而累聚了不同的人生經歷。

正因爲每個人的生命經驗不同，每個人悟性不同，即使相同的經驗，也會有不同的體會。

唯有親自體驗，我們才能領悟出別人無法領悟的道理。

有位技術一流的漁夫，被漁村裡的人們尊稱爲漁王。

然而，如今已經年老的漁王卻非常苦惱，因爲他的衣缽無人可以繼承，三個兒子到目前爲止，沒有一個不是在砸他的招牌。

他苦惱地對朋友說：「眞是不明白，爲什麼我的技術這麼好，這三個孩子卻完全沒有遺傳到我的捕魚天分？就算沒有天分，我也從他們懂事後，便把我所有的技術教給他們，從最基本的織網、划船、撒網等，每一項技術都毫不保留地教導，其他像是潮汐、海面魚訊等經驗，更是花了許多時間教他們。但是，他們好像完全無法領悟，如今的能力還比不上其他村民。」

這時，朋友問他：「你怎麼教導他們的啊？」

漁王說：「爲了教導他們這些技術，我教得非常仔細啊！我還畫圖給他們看，請人幫我記錄在紙上，要他們一一背誦。」

朋友又問：「那麼，你是亦步亦趨地跟著他們嗎？」

漁王說：「當然啊！爲了讓他們能正確無誤，我可是很辛苦地從小跟在他們身邊，一步一步地教啊！」

此時，友人搖了搖頭說：「難怪他們無法領會了，你只傳授他們技巧，卻無法讓他們實際嘗試，從失敗中獲得教訓，他們一直處在風平浪靜之中，又如何能領悟遭遇暴風雨時該如何應變？一個有才能的人是從經驗裡學會技巧應用，並找出更適合自己的解決方法。」

最寶貴的經驗，往往來自深刻的親身體驗。

想要在自己嚮往的領域有傲人的成就，就需要多一點冒險犯難的勇氣，不管奮鬥過程中遭逢什麼凶險、難關，事後都會化爲寶貴的人生經歷。

天文學家伽利略曾經寫道：「生命有如鐵砧，愈被敲打，愈能生出火花。」

其實，在人生的過程當中，受盡折磨和艱苦並非壞事，因爲，有什麼樣的經驗，結果就成爲什麼樣的人，經驗越豐富，個性就越堅強。

千萬要記住，只有體驗過磨練的痛苦，才能體會到生命的快樂和眞正的意義。

你是否也像許多人一樣，到處尋找成功經驗的「現成品」，希望從中獲得成功的經驗呢？

只不過，找了再多的例證，你恐怕也將像故事裡漁王兒子一樣一無所獲。

每個人的成功過程都是獨一無二的，即使目標相同，也會因爲個人資質、天分的不同而有所不同，並不是當漁王的兒子，日後就一定能繼承漁王的衣缽。

別人跌倒的姿勢，不會一模一樣地發生在我們的身上，每個寶貴的經驗都要靠自己「親身體驗」，才能眞正從中汲取訣竅，進而享受成功的滋味。

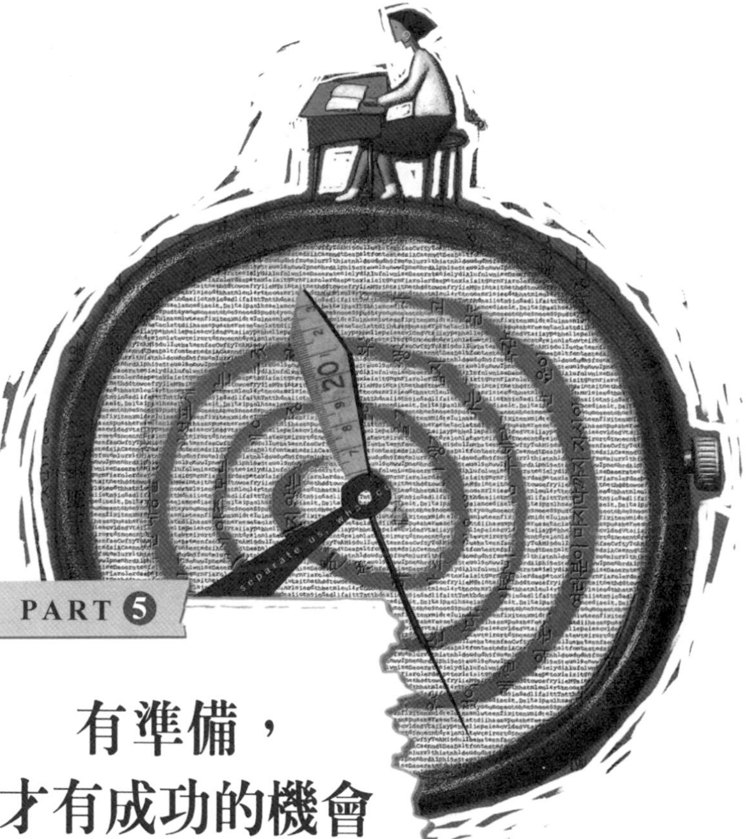

PART 5

有準備，才有成功的機會

只要能發現自己的價值，
並累積自己的實力與能量，
有一天，你也能從別人的眼睛裡，
看見「羨慕」眼神！

人生任何時候都可以開始

機會往往是自己給的，生命的長短雖不一定可由我們自己決定，但停下腳步來，生命便可能會在那裡終止。

莎士比亞告訴我們：「一個拋棄時間的人，最後，時間也會拋棄他。」

時間的巨輪不斷向前滾進，每一天都是一個嶄新的開始，活在追憶之中的人，只是平白浪費自己未來的歲月。

不要再把時間花在懊惱曾經錯過的事，人生什麼時候都可以開始，不一定非得青春年少才可以圓夢。

只要一息尚存，我們的人生隨時都可以立即開始。

瑪汀是一位天主教修女，從五十五歲開始積極參與各種運動比賽。後來，她在各項運動競賽中，一共贏得四十四面金牌、銀牌與銅牌。她分別從各種不同運動中獲得獎牌，像是五千公尺競走、雪靴賽跑、花式溜冰與籃球比賽等。

當許多像瑪汀這個年紀的人，正準備加入運動行列時，瑪汀修女已經是全美長青奧運會的榮譽會員了。

在一場演講會上，瑪汀說：「如今大家都變得軟弱無力，不僅是體力上，而是在所有的事情上。一旦有點難度，就算只是個小問題，許多人就不想繼續接受挑戰。」

這時演講會場內，一片安靜，瑪汀修女繼續說：「除非親自嘗試，不然你永遠不知道自己的潛力有多少。年齡不是我們的絆腳石，熱愛生命的人，喜歡享受生命的人，會選擇挑戰年齡的極限，盡情享受生活。」

懂得享受生命的人，不會知道什麼是阻礙。有個老奶奶八十幾歲了，還積極和兒孫們到亞馬遜河探險，她說：「人生嘛，如果什麼都不行，什麼都要停頓下來，那活著要做什麼？」

正是因爲對人類始源充滿興趣，所以許多人到老仍然上山下海，走進落後的原始部落，爲人們記錄最珍貴的史料。

生命隨時都可以重新開始，年齡不是藉口，家庭不是牽絆，知識學問更不是問題。因爲不管什麼事，只要給自己一個「決心」，我們的人生都能重新開始，都能完成自己想實踐的理想。

機會往往是自己給的，生命的長短雖不一定可由我們自己決定，但停下腳步來，生命便可能會在那裡終止。所以，我們要擔心的不是沒有機會，而是自己到底什麼時候才肯開始。

有準備，才有成功的機會

只要能發現自己的價值，並累積自己的實力與能量，有一天，你也能從別人的眼睛裡，看見「羨慕」眼神！

對許多人而言，別人的成果是奇蹟，對實踐者而言，他們的成果卻是「一分耕耘，一分收穫」的成績。因爲，「成功」對他們而言不是奇蹟，而是實至名歸、理所當然的結果。

只要將自己的實力準備好，下一秒你就可以迎接勝利的歡呼！

一九二七年，美國飛行家林白首次完成沒有停靠陸地補給，直接跨越大西洋的艱難飛行任務。這架飛機是特別製造的，林白命名爲「聖路易精神號」。

當年，林白正値二十五歲的精采人生，冷靜地用自己的生命打賭，以完成這個始無前例的任務。

起飛前，他一夜未眠，仔細地一遍又一遍地重溫行程。

林白從紐約起飛，由於飛機上載滿了汽油桶，使得飛機的載重過沉，起飛時出了點小狀況，還好最後仍成功地起飛了。這一趟，他將從紐約直飛巴黎，中間完全不降落、休息。

一路上，大霧經常遮住了他的視線，由於當年沒有無線電通聯，他的方向全靠飛機上的那只指南針，而高度也得靠著他的經驗來測量。

林白好幾次累得睡著了，直到驚醒時，都發現機身離海面只有幾公尺距離而已，可說驚險萬分。

他計算過從紐約到巴黎，總飛行時數要三十三個小時，其中當然包括橫越寬廣的大西洋。

當他抵達巴黎機場之時，現場聚集了許多歡迎他的人，一時歡聲雷動，可謂盛況空前。

爲了這次飛行，林白其實花了好幾年的時間研究與準備，不斷地訓練自己的體能與飛行經驗。

林白從威斯康辛大學退學後，便進入飛行訓練中心，後來還任職美國航空郵政的飛行員。不論白天或夜晚、晴天或雨天，他都得進行飛行任務，其間他躲過了風暴，也經歷了迫降的危機處理，對於維修飛機引擎等也認眞學習。這些，讓他在這次橫越大西洋的成功航行中，獲得絕佳的應用。

美國作家約翰．巴勒斯曾說：「運氣看似誘人，但事實上，有很多遙不可及和美好的事物都只是騙人的幌子，最好的運氣來自你的實力。」

成功絕非偶然，碰運氣的結果往往使人洩氣。因爲，成敗的關鍵不在運氣，而在於你是否願意不斷接受磨練，從千錘百鍊的過程中累積實力。

我們從許多名人的故事中，不難發現像林白這樣勇敢與果決的行動特點。他們為了突破自己，並完成這些人們認定不可能的事，花費了大量的時間和精神累積實力，終於在最後一刻，創造別人眼中的奇蹟。

不要羨慕別人創造生命的不凡，因為你也可以，所有的奇蹟都是靠我們自己創造，因為老天爺已經賜予你創造奇蹟的寶物，那便是你自己，一個能思考、能行動的人身。

只要能發現自己的價值，並肯定自己的能力，累積自己的實力與能量，有一天，你也能從別人的眼睛裡，看見他們給你的「羨慕」眼神！

用旺盛的企圖心突破困境

機會當然需要等待和運氣，但是，如果你沒有比別人更強烈的企圖心，再多的機會靠近，你都會擦身而過。

找工作最難的地方，不是有沒有機會，而是有沒有工作的企圖心。

每個人都在等待工作的機會，每個人也都希望獲得拔擢的機會，然而，有人很快便獲得了機會，有人卻過了大半人生都還等不到，兩者之間的差別，你認爲是什麼原因造成的呢？

艾倫從鄉下來到這個大城市，希望能在這裡找到一份工作，讓自己的才華能盡情地發揮。但是，他在這個城市已經十多天了，不僅工作沒有找到，連身上的盤纏也所剩無幾。

艾倫掙扎了好幾天，最後決定返回家鄉。

在返鄉的前一天，艾倫忽然想起一位報社的老朋友，正是因爲這位朋友的鼓勵，他才會到這個城市來碰碰運氣。

艾倫心想，這次回去鄉下之後，恐怕不會再來了。雖然失敗了，但總算出來試過，無論如何都應該向報社的朋友道別。

記者聽了艾倫的遭遇後，靜默了許久，接著拿出了一百元美金，對艾倫說：「你現在的心情我很能夠體會，不過，請你答應我一件事，等你花完了這一百元後再回去，好嗎？」

艾倫看著朋友，心中非常感動，便答應了這個請求。

艾倫拿著朋友的錢，省吃儉用地過日子，就在他花掉了二分之一時，忽然省悟：「每天只是這麼吃吃喝喝，生活一點意義也沒有。」

於是，他找了一份回收工作，撿拾一些廢紙和鐵鋁罐。沒想到，這一批廢紙與鐵鋁罐，讓他賺進了十塊錢。

緊接著，又花掉三十元的那幾天裡，他找到了一份配送廣告傳單的工作，這份零工讓他再賺了十塊錢。

到了花掉最後的二十元那天，艾倫找到了一份房屋裝修的工作，將一堆沉重的花崗石一一搬上大樓。工作結束後，他到工頭那兒領取工資，沒想到竟然把一百元賺了回來。

從這天開始，艾倫決定以「花一百元賺一百元」的方式，在這個城市重新開始，一步步地累積自己的工作經驗與生活費。

勤儉的艾倫，財富累積越來越多。

後來，他找到一份快餐店的外送工作，雖然只是個臨時工，卻是他在這城市奮鬥的開始，幾個月之後，他應聘到一間保險公司工作，成爲正職的保險專員。

工作穩定之後，爲了增強自己的實力，艾倫開始積極地閱讀、學習。

一步一腳印，成長快速的艾倫，奇蹟似地以短短三年的時間，在這個大城市開創了自己的天空，開設了一家公司。

作家萊布尼茨曾說：「失望是當一個人得不到自己想要得到的思想，它有時能引起沮喪，有時卻能讓人燃起新的希望。」

失望之中往往暗藏著意想到的新希望，只要不氣餒，充滿旺盛鬥志，我們便會發現眼前的挫折，其實是生命的另一個轉折。

機會當然需要等待和運氣的，但是，如果你沒有比別人更強烈的企圖心，再多的機會靠近，你都會擦身而過。

艾倫的奇蹟，是他自己創造出來的，一百美元只是個引導，引導著他慢慢地發現自己的需要與奮鬥的目標，他的生活與機會，因爲這「一百元」有了積極的開始。

反省一下自己，你缺乏的是什麼？是機會，還是旺盛的企圖心？

不要浪費在漫無目標的生活中

我們不也經常遇到困難之時，就算有人伸出援手或給予機會，最後也都會被我們自己所扼殺。

小時候，我們會告訴自己，立志以後要走什麼樣的人生路。

長大後，我們給自己許多藉口，責怪環境不公，推說社會現實，或埋怨別人不給機會，但是，當這一切都克服之後，你是否有能力堅持走向自己夢想的人生道路？

有人告訴老賈，在沙漠的中心藏著一個珍貴的寶物。

爲了得到這個寶藏，老賈準備好裝備，興高采烈地來到沙漠的中心，但是在炎熱的沙漠中心，找了好久都沒有找著寶藏。

不久，他帶來的食物和水都消耗完了。

這天晚上，老賈感覺自己快要死了，已經沒有力氣的他，做了一次最後的祈禱：「神啊，請給我一些幫助吧！」

沒想到神眞的出現了，問他需要些什麼東西。

奄奄一息的老賈急急忙忙地回答說：「我要食物和水，只要足夠讓我支撐到家就行了。」

神送給了他一些麵包和牛奶，旋即消失不見。

老賈看見眼前的食物，也不管神仙打哪來，立刻狼吞虎嚥起來。飽餐一頓後的老賈，整個人頓時都精神了起來。

於是，他帶著剩下的食物，繼續向沙漠深處走去，這次他眞的找到了寶藏，不過在此同時，他的食物也所剩無幾。

他看著閃亮的寶藏，心中卻非常懊惱，想著當初爲什麼不向神多要一些食物，如今爲了減少體力的消耗，不得不空手往回走。

最後，他倒在上次請求神幫助的地方。

就在他生命垂危之時，神又出現了，問他需要些什麼東西。

這次，老賈仍然使盡全力地回答：「我要食物和水……請給我更多的食物和水……」

法國文豪巴爾札克在在《三十歲的女人》一書中寫道：「大凡失足犯錯，都是因為錯誤的推理和過度貪欲造成的。」

確實如此，認爲自己擁有絕佳的運氣，任由慾望過度膨脹，最容易使人迷失，也最容易讓人心猿意馬，做出不理性的錯誤判斷。

生命中什麼才是最重要的？

相信許多人都被問過這個問題，或者你自己也曾經思考過，那你認爲，什麼才是生命中最重要的呢？

也許有人會說，早知道會如此，就多要一點食物或水。當然，也有人會說，不如放棄那些不勞而獲的寶礦。

從老賈與神仙的互動中，我們看見的是老賈「漫無目標」的人生，想要尋寶卻沒有周詳計劃，只是「走一步算一步」的盲目行動。

其實，我們不也經常像老賈一樣，遇到困難之時，就算有人伸出援手或給予機會，最後也都會被我們自己所扼殺。

當神仙給了你維持生命的支援時，請先找出正確的方向吧！

心無旁騖，才能走自己想走的路

別管山有多險，不管橋下的河川有多湍急，這座人生之橋，你已經無法再走回頭了，不妨把心放開吧！

走路的時候，我們經常看到有人走著走著，不是被異物絆倒，便是一個不注意扭傷了腳踝。

追究其原因，大部分人都是走路時左顧右盼，或是分心想事情，導致自己失去方向，或忽視了眼前的危機。

在某個地勢險惡的峽谷中，懸著一個只由幾根鐵索構成的吊橋，橋底下是湍急的水流，巍峨的山勢中伴著轟鳴的水流聲，更突顯這座吊橋的簡陋與危險，聽說經常有人從這座橋上失足，葬身水底。

這天，橋頭上來了四個人，一個是盲人，一個是聾人，另外兩個則是耳聰目明、身體健全的正常人。一行人來到了鐵索橋前，由於沒有其他路可走，想要繼續前進，勢必得攀行這座危險的鐵索橋。

只見四個人的身影，一個接著一個向前移動，他們緊緊地抓著鐵索，慢慢地爬行前進。結果呢？盲人過橋了，聾人也過橋了，而耳聰目明的兩個人，只有一個人安全走過，另外一個則是跌下鐵索橋，下場可想而知。

爲何如此？難道耳聰目明的人還不如盲人和聾人？

其實，問題正是出在他的耳聰目明啊！

盲人說：「我的眼睛看不見，不知道山有多高，橋有多麼危險，我只知道要心平氣和地攀扶著鐵索。」

聾人說：「或許是我的耳朵聽不見，聽不到腳下湍急的水流聲，所以恐懼感減少了吧！」

那麼也安全過橋的健全人呢？

他的理論是：「我過我的橋，險峰與我何干？水流湍急又怎樣？我只注意我的腳是否穩固，告訴自己要平心靜氣地渡橋就對了。」

在規劃未來時，你是不是也經常如此？看到現在流行什麼，就跟著別人盲目地追逐；遇上了困難便心生恐懼，駐足不前；看著別人的成功，對於自己才進行到一半的工作，便開始心急，最後則半途而廢？

別管山有多險，不管橋下的河川有多湍急，這座人生之橋，你已經無法再走回頭了，不妨把心放開吧！仔細看看橋的彼端還有多遠，然後小心翼翼地前進！

心無旁騖，你才能走完自己想走的道路。

立定自己的人生目標，並平心靜氣地堅持下去，你才能安全地通過各式各樣的困難，走到夢想的彼端！

別只看事情的表面就妄下斷言

當你準備批評別人或針對某些事情下斷言前，請先看清楚事情的真相，才不致於做出錯誤的評斷。

我們是不是經常如此？對於事情只有一知半解，便急著開口發言，妄下結論，殊不知，事情尚未結束，結論仍然有待商榷。

人很容易根據表面現象進行判斷，這是人性的一大盲點。不論從事什麼行業，想要獲得成功，就必須克服這個盲點，評估事物之時儘量審慎客觀。

有個旅者行經一段偏僻的山路時，突然有隻老虎衝了出來，當時他手上沒有任何武器，便連忙爬到樹上去躲避。

但這隻兇猛的老虎一點也不放棄，來到了樹下，不停地對著他咆哮。

由於樹幹被老虎衝撞得非常厲害，這時旅者因爲過度驚慌，一個不小心便從樹上跌了下來，不偏不倚，正好跌坐在猛虎的背上。

騎虎難下的他，只得死命地抱住老虎不放，沒想到老虎卻因此受到驚嚇，立即拔腿狂奔。

路過的人看見了，不知道事情的前因後果，個個都稱讚他：「你看，這個人騎著老虎，多威風啊！」

但是，這個騎在虎背上的旅者，卻苦不堪言地喊道：「你們以爲我很威風嗎？你們可知道，我有多麼惶恐啊！你們想想，當你坐在虎背上，想下來卻下不來時，那是多麼可怕情況啊！」

這是一則很有趣的寓言故事，說明了大多數人往往只看見事情的表面，卻沒有發現事實的眞相。

人最常犯的錯誤就是自以爲是，光會解讀表面現象，不懂得活用頭腦反覆推敲事情是否有更深層的意涵。

有很多人喜歡仗著學歷比別人高那麼一點，便自以爲學識淵博，只明白事情的某一部分情況，便急著用自己的一知半解，去解讀或下判斷，結果反而讓問題更陷入膠著。

所以，當你準備批評別人或針對某些事情下斷言前，請先看清楚事情的眞相，才不致於做出錯誤的評斷。

團隊精神才是致勝的法門

沒有團結一致的寬闊心胸，我們只會讓自己越來越孤力無援，不斷地走進失敗之中。

美國有句古老的格言：「團結才能讓我們穩住成功的基石，分裂則會導致倒塌失敗。」

不管在任何領域之中，人與人之間必定有互助合作的機會，一旦彼此有了拉扯與嫌隙，即使是個小團體也要四分五裂，害人更害己。

公牛隊在一九九八年全美職業籃球總決賽中，戰勝爵士隊之後，便取得了第二個三連霸的傲人成績。

表面上看來，公牛隊似乎所向披靡，戰無不克，事實上卻是在強敵環伺之下驚險勝出。

與它對壘的敵手，總是在戰前針對公牛隊的球員特點，制定出一系列應戰策略，企圖找出選手們的弱點，並加以還擊，其中之一的辦法，居然是要設法讓麥可·喬丹的得分數超過四十。

這論點聽起來非常荒謬，但是，仔細推敲後卻有其道理。

因爲，當喬丹個人得分平平，其他隊員才有發揮的空間，公牛整個團隊表現更能突顯。

相反的，若喬丹的表現過於突出，球賽成了個人表演，反而削弱了整體隊員間的默契與團結。

團體競賽中，最可怕的狀況不是對手有多強勁，而是本身內部產生嫌隙，造成大家不能團結一心。

因此，喬丹雖然在公牛隊功不可沒，但是讓公牛隊眞正處於百戰百勝的原因，則全賴喬丹與隊友的合作無間。

不管是在社會上還是職場中，過多的心結或私心自用，反而讓我們自己陷入失敗的牢籠。

其實，天地萬物大都是群居的模式，我們不會有眞正自食其力的時候，即使隱入山林，仍然得依靠其他生物而生存。沒有團結一致的寬闊心胸，我們只會讓自己越來越孤力無援，不斷地走進失敗之中。

團結力量大，不管是生活上或是事業上，在我們的身邊一定會有友朋的支持與相伴，因爲彼此的互助合作，相互補足，成功之路才會更加圓滿。

就像小螞蟻一樣，團結尋找、搬運食物，讓生命得以延續，每個人都付出自己的一份心力，才能創造雙贏的局面。

看不見錯誤，就會陷入迷途

一旦看不見錯誤，或把錯誤視為正途，那麼再多的智者提醒，也無法點醒身陷迷途中的羔羊。

德國哲學家叔本華曾經寫道：「這個世界上雖有鏡子，但是人卻從來不知道自己有什麼弱點。」

的確，人很容易自以爲是，也很容易從自己的角度衡量別人，卻忽略了自己在別人眼中究竟是什麼模樣。

因爲心盲而看不見自己缺失的人，在我們的生活圈中處處可見，他們不是不清楚問題的癥結所在，只是無法面對問題，並解決這一切。

多年前，在一個村莊中有個很奇怪的現象，這個村莊的居民，每一個人不是口吃，便是瘸腿。

更奇怪的是，這兩項缺陷竟然被村民們視爲正常現象。

有個外地人來到這個村莊，看到這個情況時，還以爲這裡的居民一定會很羨慕他的走路方式。

於是，他不瘸不拐，大搖大擺地在街上行走。

當地人看見他這樣，全都停下了腳步看他，但是，他們不僅沒有投以羨慕的眼光，反而個個都嘲笑這個外地人。

他們捧腹大笑地喊著：「誰來教一教這個人？瞧他走路又瘸又拐的，這麼走路怎行？」

這個外地人一聽，對於他們的錯誤觀念感到驚訝，便糾正他們說：「是你們又瘸又拐，我可沒有，你們那樣才叫又瘸又拐！」

沒想到村民居然無法聽清楚他的話，反而對於他如此順暢的話語，完全沒有口吃的情況，感到更不可思議，這些情況讓村民們笑得東倒西歪。

結果，這個外地人，不僅無法糾正他們的錯誤，而且不管他走到哪裡，處處都受到他們的嘲笑。

英國作家斯威夫特說：「不願正視自己錯誤的人，是最嚴重的盲人。」

這個社會的「盲人」很多，對這些已經用錯誤的方式過大半輩子的人，想要將他們導正，恐怕眞得費一番功夫了。

看不見自己的錯誤，是一件非常可怕的事情，一旦看不見錯誤，或把錯誤視爲正確，那麼就算再多的智者提醒，也無法點醒身陷迷途中的羔羊。

如果，我們也活在錯誤的生活方式中，有機會獲得提醒與叮嚀時，請先停下腳步，仔細看看，我們是否也徒有健康的雙腳，卻用著又瘸又拐的方式歪斜地行走呢？

問心無愧才能有更大作為

責任感的最大意義，並不是對別人負責，而是對自己負責，能為自己的行為負責的時候，往往也是成功的最佳寫照。

許多偉人的成功經驗在在提醒我們：不論做什麼事，都要有責任感。

回頭省思自己或社會中的許多人，一有事情發生，是不是把責任推給別人，或是一副事不關己、缺乏責任感的模樣？

如果你也如此，就別再奢望能有什麼作爲了。

南北戰爭期間，美國境內經歷了好幾場激烈的戰役，最後由林肯領導的北方聯邦軍隊獲得勝利。

在南方聯盟正式投降的典禮上，林肯委派格蘭特將軍去接受降書，而南方聯盟，則是由南北戰爭中的名將李將軍代表出席。

當天，代表勝利的格蘭特將軍，提早到達受降地點，並耐心地等候對方的到來。雙方約定的時間一到，李將軍準時出現在會場的門口。

格蘭特將軍一見到李將軍，不禁楞住。

因爲，站在會場門口的李將軍，一身筆挺的軍服，上衣的銅釦擦得非常雪亮，胸前的勳章整整齊齊地佩掛著，而擦得光亮的皮鞋，在地上敲得振振有聲。李將軍本人更是帶著一臉傲氣走進了會場。

格蘭特將軍望著自己一身陳舊的軍服，甚至連領口的鈕釦都掉了，兩相比較之下，還眞分不出誰才是戰敗一方的將領。完成受降典禮之後，格蘭特將軍不禁好奇地問李將軍，爲什麼穿得如此整齊。

李將軍說：「眞正戰敗的不是我軍，而是南方聯盟中由政客操控的政治團體。

我是個軍人，雖然在戰爭中失敗，但我仍然對我的軍隊負責，所以，不能對不起這套軍服所代表的意義，更不能對不起自己，特別是對當初身爲美國軍人所許下的誓言！」

這是一種精神，也是一種責任與擔當，戰時李將軍盡心盡力，沒有對不起任何人，所以能有如此的驕傲與光芒。

故事中，我們看見的「責任感」，是李將軍問心無愧的重要支柱。

責任感的最大意義，並不是對別人負責，而是對自己負責，一個人能爲自己的行爲負責的時候，往往也是成功的最佳寫照。

能負責任，你才會對工作投入，有責任感，你才會把生命與生活中的大小事都結合爲一體，面對困難才能臨危不亂。更重要的是，你會有無比的信心，解決別人視爲棘手的難題。

PART 6

在痛苦中享受重生的喜悅

在生命最微弱時，
有人可以創造生命奇蹟；
在生命最艱困時，
有人可以開創全新的未來。

給別人機會等於給自己機會

相信別人的改過決心，總是比否定、鄙視更具建設性，因為當我們自己犯錯時，不也同樣渴求著別人的信任與諒解？

英國詩人雪萊曾說：「能夠容忍別人，或許不能稱做功勞，但是不能容忍別人，卻無疑是一種罪行。」

給別人一次機會，就等於給自己一次機會。真正的群居關係，不是互相牽絆，而是互助合作。

有個南美國家的犯人出外從事勞動服務時，在路上撿到一千元，當下他沒有多想，立刻便交給監管的長官。

但是，沒想到監管的警官卻輕蔑地對他說：「你別來這一套，你以爲搞個花樣就可以賄賂我嗎？想減輕工作？門都沒有，你給我老實點啊！」

犯人當場受到這種侮辱，心中非常不平衡，氣憤地想：「原來一有了污點，我就別想再翻身了。」

當晚，他越想越生氣，也更加喪志，便翻牆越獄了。

在逃亡途中，他變本加厲地到處搶劫，準備籌措遠走高飛的經費。當他搶得足夠的錢財後，便搭上一輛開往邊境的火車，準備出境。

由於車上乘客非常多，車廂內實在太擁擠了，他只好站在廁所旁邊，慢慢等待列車開出國境。

這時，有位長得很漂亮的女孩走進廁所，當她準備關門時，卻發現門鎖壞了。

於是，她走了出來，看了逃犯一眼，接著對他說：「先生！您可以幫我守門嗎？」

逃犯一聽，有點愣住了，忽然不知道要如何回應。看著女孩無邪的眼神，他誠懇地點了點頭。

女孩便紅著臉再走回廁所內，而這個逃犯就像個忠誠的衛士一般，嚴守著廁所的門。

就在那一剎那間，這個逃犯突然有所醒悟。

當火車停靠下一站時，他不僅提早下車，還直接走到派駐在車站的警務單位裡，他決定回頭、自首。

作家穆尼爾．納素夫曾說：「寬容猶如火把，能照亮由焦躁、怨恨和復仇心理鋪就的黑暗道路。」

責罵與懲罰只會使人被動地屈服，適時寬容與勉勵的力量卻會使人警醒，不再犯下同樣的錯誤。

生活中，我們也許都曾像監管的警官一般，手上掌握著許多資源，卻怎麼也不肯給別人一次機會。

就像故事裡的囚犯，沒有人願意過著被人否定也否定自己的生活。不管怎麼逃，囚犯知道自己終究是隻籠中鳥，還沒有走出自己的囚牢之前，人生永遠會活在黑暗中。所以，當女孩給了他信任的眼神後，他醒悟了，並決心誠實地面對自己的人生。

如果，當時警官也給他一個信任的微笑，他們便不必再次勞師動衆地尋找逃犯，甚至被降職或記過。

給別人一次機會，其實也爲自己多增添一分助力。相信別人的改過決心，總是比否定、鄙視更具建設性，因爲當我們自己犯錯時，不也同樣渴求著別人的信任與諒解？

心靈充實比名利雙收更幸福

最能滿足人的正是名與利，因為那是只要我們努力便能得到的東西。至於心靈的滿足，卻是花再多金錢也買不到的。

生命的富足與否，不是以物質層次的表象爲判斷標準，而是以內心的充實程度爲依據。

就算你只擁有一顆平靜的心和一個清明的腦袋，然而與無數的財富或隨時都可以爭取到的名聲比較起來，還是最珍貴的。

約翰．貝路希是位才華洋溢的藝人，擁有廣大影迷的他，自然是家財萬貫，過著優裕的生活。

二十二歲時，約翰便躋身紐約第二市立劇團的重要支柱，且是該團最年輕的成員。那年，他在一場重要演出中一砲而紅，成爲二十世紀七十年代家喻戶曉的大明星。

不久，他又跨入歌唱界，從此名利雙收，不僅擁有絕佳的人脈，更擁有人人羨慕的幸福婚姻與財富。

然而，當他提供人們這麼多的娛樂與歡笑，生活也好像沉浸於一片幸福中，卻在三十六歲時，出人意外地死於「古柯鹼中毒」。

當噩耗傳出之時，所有人都不敢相信這個事實。一個曾經像陽光一樣燦爛的人，最後居然成了個全身浮腫、濫用藥物的人，同時外貌也與實際年齡差距極大。

這時候大家才知道，原來在他風光的笑容和看似幸福美滿的生活底下，內心卻是如此空虛。

我們經常聽到許多名人說：「其實，我是很孤單的。」在盛名影響下，他們無法自在地走在人群中，也無法開心享受一般人的喜怒哀樂，因爲他們是名人，在坐收名利的同時，也一點一滴地失去很多東西。

在追逐的過程中，多數人只看得見眼前的名利，卻看不見身邊其他平凡而珍貴的人事物。一旦汲汲營營的名利到手，驀然回首才驚覺，身邊最重要的事物已然離去。

最能滿足人的正是名與利，因爲那是只要我們努力便能得到的東西，至於心靈的滿足，卻是花再多金錢也買不到的。渴望名利和鎂光燈照耀的人，何不先想想，你承受得了孤單與寂寞嗎？

當我們羨慕著鎂光燈下的名人時，我們更要慶幸自己，可以身爲一個平凡的人，可以隨便在各個角落裡走動，自由出入，不受拘束。

在痛苦中享受重生的喜悅

在生命最微弱時，有人可以創造生命奇蹟；在生命最艱困時，有人可以開創全新的未來。

歐洲有句諺言：「當我們知道生命的難處時，生命反而更加容易。」知道生命的難處之後，我們面對各種挫折與磨練，就能不屈不撓，就再也沒有什麼困難能再考倒我們了。

下面這個故事中，樂觀的主角把痛苦的肉體折磨視爲「生之喜悅」，其中包含著他對生命的熱愛，與活著的珍惜。這是他用生命換來的經驗，也是我們學會珍惜自己的最佳範例。

在美國西海岸的某家醫院裡，住著一位因外傷而全身癱瘓的病患，他的名字叫威廉‧馬修。

只要馬修每次一醒過來，就得開始面對全身各部位的疼痛襲擊。他的痛苦都是從早上開始，將近一個小時的折磨中，馬修完全不能翻身，連護士想幫他擦汗也不敢，因爲任何碰觸，都會讓馬修痛苦萬分。

由於藥物的副作用，他的淚腺已經萎縮，所以即使痛得想哭，眼角也擠不出一滴淚。

每當護士來協助他時，總會難過地以手掩面，不敢正視。

但馬修總是堅強地安慰護士：「雖然這些鑽心的刺痛很難受，但是正因爲有這些『疼痛』，讓我能感覺到我還活著。」

原來，剛住院之時，馬修身上什麼感覺也沒有，包括這些疼痛感。

後來在醫生的細心照料下，他的一部分神經已經再生，所以中樞神經開始在早上發出「痛」的訊息。

在痛苦中享受重生的喜悅，也許對一般人來說是件荒唐的事，但是這對馬修來說，不僅是喜悅，同時也是希望，他知道自己只要熬過這些刺痛，生命就能重新開始。

堅強的馬修，從沒有知覺到感受疼痛，即使將來的發展尚在未定之天，他仍與醫生們一起朝著特定方向努力。所以，每當第二天早晨來臨時，他都以喜悅的心情，期待著「刺痛」的來到。

在現實生活中，我們可以從各種消息得知，一些癌症鬥士爲了讓最後的生命，能夠更顯不凡與珍貴，他們會發揮驚人的意志力，留下一句又一句令人深省的生命眞言。

他們甚至經常創造奇蹟，往往突破人們預估的生命期限。

在生命最微弱時，有人可以創造生命奇蹟；在生命最艱困時，有人可以開創全新的未來。身體健全、平順無災的我們，又怎能頹廢喪氣呢？

人，正如馬修所說，越能感覺到痛苦，反而活得越起勁。畢竟我們是有血有肉的人類，感官比萬物都還要細膩，任何悲苦喜樂的情感宣洩都是正常的。也因爲有這些高低起伏的情緒，我們的生活才會更有趣味。

雖然人的一生當中，可能會遇到各式各樣的困難和挫折，但是想要讓生命昇華，就必須面對這些困難和挫折，因爲，它們是人生必經之路。

凡事都是相對的，失敗、挫折只是一時，唯有選擇帶著微笑面對，才能替自己創造更多成功的機會。

別害怕磨難，越艱難，我們的人生才會越多彩多姿啊！

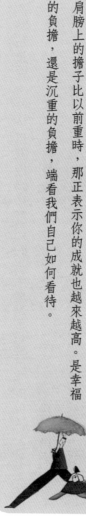

坦然承受生活的負擔

肩膀上的擔子比以前重時，那正表示你的成就也越來越高。是幸福的負擔，還是沉重的負擔，端看我們自己如何看待。

旅居紐約的華裔作家紅塵曾在《華爾街風水師》中提出一個積極面對生活的思考方式，值得我們深思：面對不得不做的事情，悲觀的人把它當成宿命，樂觀的人把它當成使命。

很多事情都是這樣，落在你肩膀上的擔子，究竟是悲哀的，還是幸福的，全看你用什麼角度解讀。

肩上的擔子挑得越輕，一個人的責任感與能力自然越微不足道。機會只會降臨肯一肩挑起重擔的人，唯有做個有肩膀的人，你的肌肉才會越挑越健壯。

亞倫一直覺得自己的生活壓力很沉重，爲了尋求解脫的方法，他前去向一位知名學者請教。

只見這位學者交給亞倫一個竹簍子，讓他背在肩上，接著指著眼前的一條石頭路：「你每走一步，就撿一顆石頭放進竹簍，看看有什麼感覺。」

不一會兒，亞倫走到石礫路的盡頭，這時學者便問他感覺如何。

亞倫頓了頓，接著嘆了口氣說：「肩上越來越覺得沉重啊！」

學者點點頭說：「這也就是爲什麼你的生活會越來越沉重的原因。我們來到這個世上時，每個人其實都背著一個空簍子而來。生命開始後，我們每走一步，便會把我們想要的東西拾起來，放進簍子中，所以我們便會越來越累，雙肩也越來越沉重。」

亞倫問：「那麼，有什麼方法可以減輕這個沉重呢？」

學者反問他：「那你願意捨棄工作、愛情、家庭或友誼嗎？」

亞倫聽到後，低下頭，沉默不語。

學者接著說：「既然不願意捨棄，就應該坦然承受。你的生活壓力眞的那麼沉重嗎？也許你應該慶幸自己不是總統，因爲他的簍子比你的大，也比你的沉重許多啊！」

從出生開始，我們就有各式各樣的困難要面對，不管是適應新環境，還是求生存，每通過了一場挑戰，我們便會成長一分，之後，下一個新的考驗又會緊接而來。

每個人生皆是如此，沒有人躲得過，即使含著金湯匙出生的孩子們，也有必須面對的難題，因爲這叫人生。

爲了生活，我們必須工作；爲了家庭，我們得養活家人；爲了友誼，我們必須彼此交流。

每件事都有關連性，我們肩上的擔子，也會因爲這些出現在自己生活中的人事物，不斷加重分量。

成就越高的人，與他們連結在一起的人事物也會越多，必須擔負的壓力也越來越大。

不過，那是他們的回饋，也是上天賜與的機會。

相同的，當你覺得肩膀上的擔子比以前重時，那正表示你的成就也越來越高。

是幸福的負擔，還是沉重的負擔，端看我們自己如何看待與取捨。

那些沒有肩膀的人，連自己的擔子都不肯挑了，誰又敢委以重任呢？

下定決心，便能一鼓作氣

生命的最大本錢，不是時間而是昂揚的鬥志，所有生命活力全在我們下定決心的那一刻展現。

法國科學家巴斯德曾經提醒年輕人立志是成功的開始：「立志是很重要的一件事，工作隨著志向走，成功隨著工作來，這是一定的規律。」

方向確定後，我們會產生勇往直前的決心。一旦有了決心，我們比較容易一鼓作氣地抵達目的地。

曾經拿下奧運冠軍的蕾頓是位著名的體操選手，家中各式獎盃，全靠她的堅強毅力，一點一滴爭取而來。

其實，在先天的體格上，蕾頓一點也不像練體操的料子。她不僅沒有芭蕾舞者的柔美體態，身高只有一百四十五公分，體型又結實又強壯，看起來反而有如短跑健將，不像深具潛力的體操之星。

蕾頓在十歲那年，便對自己說：「我知道自己在表現地板動作時，例如做旋轉或芭蕾舞蹈等，舞動起來一點也不優雅，不像其他選手那樣靈巧美妙。但是，從短跑的經驗中，我知道，我有無窮的爆發力與動力，只要我努力，我一定能像其他選手一樣，成爲優秀的體操運動員。」

練習得再辛苦，蕾頓也都咬緊牙關走過，爲了成功，她不怕任何付出。

十四歲時，她便拿下維吉尼亞州的冠軍，同年更在世界大賽中拿下冠軍。年紀輕輕的蕾頓，有著超齡的成熟思考，她也比任何同齡的孩子們，更早確立自己的人生目標。

她曾經這麼說：「我需要有人支持我、推動我，更需要志同道合的伙伴們與我一同奮鬥。」

當大部分青少年仍耽溺於玩樂，漫無目標地生活時，蕾頓已經爲她的目標付出了極大的犧牲。

她遠離舒適的家，獨自一個人來到陌生的休士頓，爲的是讓自己有機會接受世界級體操教練卡洛莉的親自訓練。

當其他的孩子正與朋友旅遊、玩耍時，蕾頓每天都有四、五個小時的訓練課程。從體操的基本動作到日常飲食，卡洛莉老師都一一加以調整，雖然那些習慣跟著蕾頓已經好幾年了。但是，蕾頓一點也不喊累，爲了要讓自己有更好的成績，乖乖地配合著老師的命令。

距離奧運的比賽時間越來越近了，蕾頓的生活更加積極。

她的日程表是：「八點鐘開始熱身運動，接著到學校上課，放學後便回到體育館裡，連續練習四個小時，然後才回家做功課、休息。」

如此日復一日從未間斷過，蕾頓正是靠著自己的努力，在該屆的奧運會上拿下體操冠軍。

從小便立定人生志向的蕾頓，爲仍在徬徨尋找未來的人提供了一個示範，那便是當你在找尋生命的出口之時，先別急著四處走動，把自己的人生方向弄清楚再說。

目標、決心、毅力，是蕾頓成功的最重要助手，此外，想要有所成就，還得像她一樣，要有忍受磨練的精神，犧牲一般的娛樂和消遣。

決心，是串起目標與毅力的唯一鎖鍊，凡是有決心的人，他的目標一定明確，毅力一定超人。

生命的最大本錢，不是時間而是昂揚的鬥志，所有生命活力全在我們下定決心的那一刻展現。所以，快找出自己的人生方向，下定決心前進吧！

只要不放棄，就能夠創造奇蹟

只要不放棄自己，你身上一定有和別人不同的地方，那正是讓你開啟奇蹟與不凡的鑰匙。

每個人都有著獨特性，也有一定的作用與能力，就像每根螺絲釘皆有各自的功用，每個鑰匙也都有它可以開啓的鎖孔。

人應該努力開發自己的獨特潛能，因爲每個降臨到世間的生命，都有一定的存在意義。

有家雜誌曾經刊登一幅荷蘭名畫家林布蘭的油畫，並在介紹文章中指出這幅畫價值百萬美元。

有個讀者大惑不解地打電話問：「這是什麼東西啊？是什麼原因讓這幅畫這麼值錢？」

該雜誌回答說：「因為仿冒林布蘭畫風的僞畫相當多，這是一幅很獨特的油畫，那是罕見的林布蘭眞跡畫作，所以價格自然高了。第二，是因為林布蘭是位天才，這類繪畫天才，幾百年才出現一個。」

林布蘭的畫作價值不菲，固然是因為他留下的畫作相當少，不過，我們從後者的答案中更可以得知，林布蘭的畫作之所以價值上百萬美元，是因為他的才能受到肯定。

獨特的畫風與高超的藝術造詣，才是林布蘭的畫作在他死後能跨越時空大放異彩的原因所在，也正因為如此，才會有那麼多僞造集團專門僞造他的畫作牟取暴利。

每個生命個體都是獨一無二的，每個人的身上也各有其獨特性與唯一性，這些特性賦予我們不同的價值。

林布蘭特是個令人景仰的繪畫天才，然而無論如何傑出，他和你我一樣，只是一個擁有某方面天賦的人而已。

上帝造物有一定的目的，也會賦予萬物絕對的不同特性。在每個人的身上至少都會有一樣「不同」，不管是指紋還是才能，都是上天賦予的，指紋只有我們自己能使用，才華也只有我們自己能夠開發。

仔細聆聽自己潛能的呼喚，用心發現你身上尚未開發的才能。只要不放棄自己，你就一定找得到自己和別人不同的地方，那正是讓你開啟奇蹟與不凡的鑰匙。

倚靠別人不如依靠自己

勇氣、信心與果決，正是人生的必需品，而真正能賜與我們力量的人，其實也正是只有自己而已。

法國哲人蒙田在他的《隨筆集》裡曾經這麼寫道：「我不在乎我在別人的心目中是如何，而更重視我在自己的心目中是如何；我要靠自己而富足，不是靠求借於人。」

前進或登高的時候，沒有人不想找個扶手，以便減少自己的負擔。但是，即便我們倚著手扶梯前進，也終究會到了盡頭，而接下來的路仍然得靠自己的雙腿行走。

有個叫商丘開的流浪漢，聽說晉國有位遊俠公子華，在京城裡是位能呼風喚雨的人物。於是，他決定去投靠公子華，便借了糧食，立刻長途跋涉到公子華的門下。

由於公子華的門徒都是些世族紳士，大家看見商丘開一副窮酸樣，對他都表現出不愛搭理的態度，時而對他百般戲弄，時而出鬼點子爲難他。

然而，商丘開總是一派輕鬆，反而倒過來把他們唬得團團轉。

像有一回，他從百尺高的台子上跳了下去，落地時毫髮未傷，當場把大家都嚇得目瞪口呆。

有一次，有人指著湍急的河流說：「在那深水處，沉著一顆珠寶，主人說，只要有人能潛進水中，便能獲得那顆明珠。」

話才說完，便聽見有人「撲通」一聲跳入河裡。不久，那人便潛出水面，並捧著一顆光亮的珠子浮出水面，那個人正是商丘開。從此，再也沒有人敢輕視他，公子華也奉他爲上客。

有一天，公子華的庫房忽然起火。公子華著急地轉身找人幫忙，才一轉身，便看見商丘開站在一旁，於是著急地對商丘開說：「你如果敢衝進火場中，把絲帛等珍貴物品搶救出來，你能拿出來多少，我就賞你同值的銀兩。」

商丘開一聽，立即衝進火場中。他多次往返火窟，卻一點也沒有被濃煙嗆到，火花也沒有飛濺到他身上。大家都認爲他有神功護體，個個都前來向他賠禮，並請求商丘開教他們一些法術。

商丘開搖了搖頭說：「法術？我一點也不會啊！但是我爲什會做出這些事情，連我自己也搞不清楚。」

只見他停了一會兒，接著又說：「不過，我想可能有一個原因。那是因爲我聽說公子華的威勢，具有改變一個人生死的力量，因爲相信他的這個力量，所以我不遠千里來投靠他。來到這裡以後，我仍然深信不疑，我只擔心自己的誠意不夠，破壞了他給我的力量。所以，不管是進入深水中，還是衝入火場，我只想著：『放心好了，公子華會給我力量的。』所以，我完全都沒有想到後果，因爲這分專一，我根本沒想到其他的事。」

商丘開又停了下來，看了看在場的每個人，包括公子華，接著說：「現在，我知道原來那一切是騙人的。現在我的心中已經產生疑慮，以後我會小心翼翼地不再那麼衝動了。回想起之前的出生入死，現在心裡有點發顫，以後，我再也不敢輕易地進入水火之中。」

赫胥黎提醒我們：「人生不是受環境支配，而是受思想擺佈。」

確實如此，思想的力量是很驚人的，我們對事物的感受與反應方式，不僅僅左右著我們的行爲，更主宰著我們命運。

當商丘開心中有個能「起死回生」的信念時，反而能置死生於度外，創造一項又一項的奇蹟。然而，當他知道，原來公子華的傳說一切都是假時，這才發現自己一直拿著自己的性命開玩笑。

是因爲「誠意」，進而產生「勇氣」？

如果有一天，老天爺告訴我們，即使意外發生，生命仍能起死回生，相信有人會勇敢地前進，不管事情有多艱難或危險。

其中，激發出來的力量，正是勇氣、信心與果決，這些也正是人生的必需品。事實上，我們置死生於度外的機會不多，有的也只是放手一搏，眞正賜能與我們力量的人，其實也正是只有自己。

當商丘開發現，傳說只是個傳說後，他不僅證實自己的無限潛能，更知道依靠別人不如依靠自己。

做個和自己賽跑的人

人最難面對的不是別人，而是自己。相對的，人最難超越的也不是外在的競爭對手，而是內在的自己。

帕斯卡在《思想錄》裡寫道：「我們只不過是謊話、兩面性和矛盾而已，我們總是向自己隱藏自己，並且矯飾自己。」

其實，活在這個世界上，每個人都應該努力去做有價值的人，坦然面對自己，然後征服自己，戰勝自己。

能坦然面對自己，並看得見自己優缺點的人，最在乎的是：「今天有沒有突破昨天的自己。」

傳說著名的禪師一燈大師，藏有一盞「人生之燈」，這盞燈的燈心，鑲著一顆有五百年歷史的夜明珠。有人信誓旦旦地說，這顆珍貴的夜明珠晶瑩剔透，光彩奪人，能得這盞燈的人，只要經過明珠的拂照，便能超凡脫俗、品性高潔，從此得到世人的敬重與景仰。

於是，有三個弟子來到一燈大師面前，跪拜求教，請求大師能給予指引，讓他們看一看這種稀世珍寶。

一燈大師聽完他們的請求後哈哈大笑，對這三個弟子說：「世人無數，可分三品，其中之一是時常做些損人利己事情的人，此等人心中滿是灰塵，眼中多是醜惡，爲人之下品。第二種是偶爾損人利己的人，但他們的心中也會孕生純美善念，就像白璧微瑕，卻仍不掩清輝，是人中的中品。最上等的是終生不損人利己的人，他們心如明鏡，人人敬重，爲人中的上品。」

一燈大師說完後，停了幾分鐘，看著仍未透徹的三個人說：「人心猶如水晶之體，容不得半點塵埃。所謂的人生之燈，其實正是一顆乾淨潔白的心靈啊！」

人最難面對的不是別人，而是自己。相對的，人最難超越的也不是外在的競爭對手，而是內在的自己。

人生之燈不是什麼夜明珠，而是人的一顆心。當每個人都渴望借助外在力量，增值自己或改變自己時，卻無法把自己的內心看得通透，沒有親自把心靈的塵埃拂拭掉，求得明珠又如何？

我們要擔心的不是別人的眼光如何看待，而是能否看見自己內心深處，沒有自省能力的人，就算別人給了再多指點，仍然看不見自己的缺點。

凡事從改變自己開始，如果你希望成爲上品人，就要勤於擦拭自己的心，就要時時自省，如此一來，自然就不會有走錯路的機會，或看錯方向指標時。

PART 7

爲生命留下永恆的光芒

要認真地看待自己的人生，
用積極的態度面對生活，
如此，才不會在生命終點站前懊悔人生的結束。

成功，來自不斷尋求自我突破

在羨慕別人成功前，不妨先看看他們怎麼開始，又是抱持著什麼樣的工作態度。

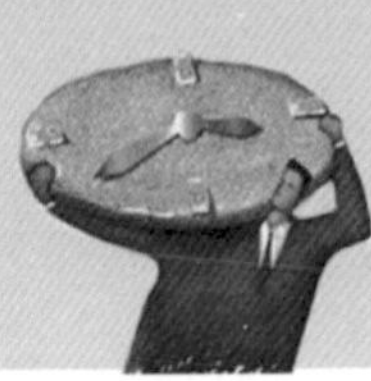

法國文豪大仲馬曾經在他的著作中寫道：「未來有兩種前景，一種是猥猥瑣瑣的，一種是充滿理想的。上蒼賦予人自由的意志，讓人可以自行選擇，你的未來就看你自己了。」

想成功，必須找出最適合自己的表現方式，學會一樣最能發揮所長的技能。

唯有從「質量」上提升自己，你才能不斷地突破自我的侷限，成爲伸展台上最爲出衆的「Only One」！

一九三〇年三月二十七日，有一位身高只有一百四十五公分的日本年輕人，來到日本明治保險公司大門口。

這個主動出擊的年輕人名叫原一平以。

當他走進這間公司的大門時，值班的經理以不屑的眼神看他說：「你如果想成爲公司的正式職員，你必須每個月至少有一萬日元的保險業績。」

原一平以看著經理，充滿鬥志地說：「沒問題！」

從那一刻起，原一平以便開始了他的征戰！

在先天的外形上，原一平以自知會被扣分，於是絞盡腦汁要讓人們留下良好的第一印象。但一開始，不管他多麼努力走訪，多麼仔細解說，仍然遭遇許多白眼與嘲諷。

然而，他一點也沒放棄，仍然努力付出。

終於，那一年的成績公佈了，他的業績竟然有十七萬日元。他也在業績公佈的這天，正式成爲公司的職員。

有一天，公司主管召見他，並對他說：「你若想成爲最成功的保險人員，就得明白表情是行銷人員的致勝關鍵。你要記住一件事，你要用最眞誠的笑容去征服客人！」

原一平以明白地開心點頭，此刻，他又有了另一番動力與能量。

從此，他每天都會對著鏡子，訓練臉部的表情，他要用不同的笑容與笑聲吸引客人。

他也發現，自己居然可以發出四十多種笑聲，不管是大方的笑、甜蜜的笑、欣慰的笑或是含刺的笑……等等。

後來，「笑」成了原一平以身上最重要的行銷工具。

美國作家愛默生曾經說過：「如同是性格的唯一基礎一樣，深邃的眞誠也是才能的唯一基礎。」

不管做什麼事，倘若不以眞誠爲出發點，都是經不起時間考驗的。

日本人的專業，正是從這些令人意想不到的小地方開始。

一個簡單的笑容與笑聲，卻被原一平以視爲成功的重要關鍵。這樣的精神就像我們經常從日本節目中發現的，不管在什麼領域，他們最重視的不是什麼時候成功，而是如何把基礎打好；他們專心研究的不是成功捷徑，而是怎樣突破自我的極限。

在羨慕別人成功前，不妨先看看他們怎麼開始，又是抱持著什麼樣的工作態度。因爲，我們眞正要學習的不是什麼時候成功，而是如何在開始之後不斷地突破自我。

有行動，夢想就能成真

在實踐與構築夢想的路途上，許多人只限於紙上談兵，或只流於令人嘲笑的白日夢，想一想自己，是否經常如此？

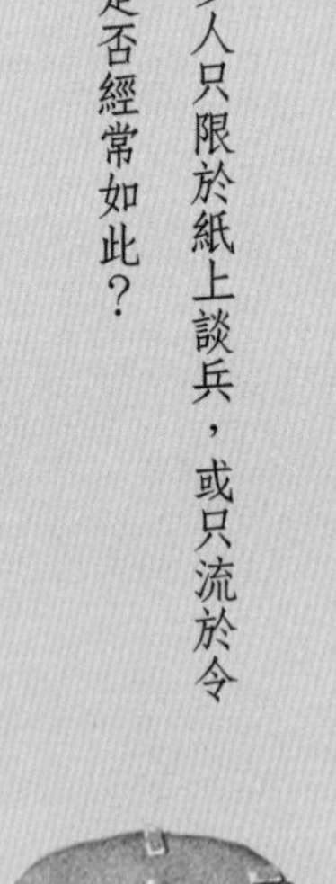

詩人貝多斯曾經寫道：「如果有夢出售，你願意買哪一種？有的夢值一聲輕喟，有的值一下喪鐘。」

不要在實踐的路途上停滯，只要目標明確，只要你立即行動，「美夢成真」將不再是信箋上的祝福詞而已。

有對父母親，從小便規劃讓他們的兒子一步步地朝著醫生方向前進。

但是，男孩卻在高中時迷上了電腦，每天把主機板拆了又裝，裝了又拆，甚至沉迷到要抱著電腦才能入睡。父母親發現這個情況，非常生氣地對他說：「你不好好用功，以後看你要如何在社會上立足？」

男孩看著又氣又失望的父母，卻笑著說：「放心好了，有一天我會是一間大公司的老闆。」

看著兒子的執迷，他們一點也不相信兒子會成功，於是千方百計地強迫兒子一定要照著他們的期望前進，一定要進入醫學院讀書。

不久，男孩考進了一所醫學院，雖然他最後還是照著父母親的期望走，但對於電腦的熱情卻絲毫未減。

第一學期，男孩買了一台舊型號的ＩＢＭ個人電腦，經過改裝升級之後賣給了同學。使用過這台電腦的同學們發現，男孩組裝的電腦性能各方面都非常優良，而且價格便宜，從此，男孩的電腦訂單越接越多，甚至連外面的一些小企業或事務所也紛紛來向他訂購。

第一學期結束前，男孩慎重地下了一個決定，他告訴父母他要退學。

當然，父母是不可能允許他這麼做，那無疑是自毀前程。他們只答應兒子，可以利用假期推銷他的電腦，而且還訂下約定，如果第一季銷售不佳的話，他就必須放棄電腦，專心研讀好不容易才考進的醫科。

但是，男孩的父母親卻完全跌破了眼鏡，想不到兒子居然只花了一個月的時間，就連本帶利地把錢賺回來了。

男孩的計劃成功了，父母只好放手，讓孩子走他自己想走的路。

男孩也知道，離開了校園，凡事都得靠自己，於是他先組了一間小公司，努力經營自己的品牌，靠著良好的商譽與業績，引來許多投資家的關注。

創業後的第二年，他的公司順利地發行了股票，累積出一千八百萬美元的資本，這年，男孩才二十三歲。

十年後，這個成功企業家的資產已經到達了四十三億美元，他就是美國戴爾電腦公司總裁，麥克．戴爾！

在一場慶祝會上，比爾．蓋茲曾緊緊地握著麥克．戴爾的手說：「我們都堅信自己的信念，更對這分工作有著無比的熱情與興趣！」

就像麥克．戴爾的情況，天底下所有的父母親都一樣，都期望自己的孩子能不負己望，乖乖地順著自己的期望前進。

然而，因爲個人性向與能力的不同，因爲成長過程中累積的經驗不同，每個人都會發展出屬於自己的夢想與興趣。

但是，在實踐與構築夢想的路途上，許多人只限於紙上談兵，或只流於令人嘲笑的白日夢，想一想自己，是否經常如此？

造物主在創造生命時，雖然給了我們有限的生命時間，卻也同時給了我們無限的發展潛力，只要你願意，即使是看似不可能成功的白日夢，也可以落實於生活之中。

只要你肯行動，即使是紙張上被塗得亂七八糟的夢想，在有限的生命之中，也終究有實現的一天。

騙得了別人，騙不了自己

一個能夠誠實面對自己的人，自然也會問心無愧地面對人生。而且，他更會以堅強的實力，爭取自己應得的成功！

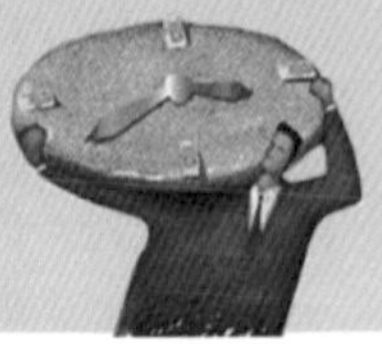

古希臘哲學家德謨克利特曾說：「要留心，即使當你獨自一人時，也不要說壞話或做壞事，而且要學得在自己面前比在別人面前更加知恥。」

一旦連自己都想「騙了」，你的心自然也會開始「偏了」，因爲你得開始用許多藉口來掩飾這些騙局。

有個出身貧困的孩子，十分喜歡釣魚，但是他釣魚的成績一直都很不好。有一天晚上，他的母親陪他來到湖岸釣魚。

這裡有著許多野生鱸魚，但是，爲了防止鱸魚遭到濫捕濫釣，當地有個規定，在某段時間內釣到鱸魚的話，必須再放回湖中，不能帶走。

這天晚上，當他一切都準備妥當之後，便熟練地將魚線拋向池中。湖面十分平靜，他和母親靜靜地守在湖邊，等著魚兒上鉤，但是他們等了很久，連一條小魚都沒上鉤。

當他們準備放棄回家時，魚線突然猛烈扯動。

男孩連忙將魚線收起，當線越收越短時，他們也聽見大魚拍打水面的聲音，母親趕緊取出網子，幫忙撈捕。

眞的是條很大的魚，當魚兒放進網袋裡時非常沉重。她打開手電筒照射，沒想到是條大鱸魚，在燈光照射下，銀白色的魚鱗非常美麗。

這時，母親看了看手錶，發現已經到了禁捕時間，因而轉身對兒子說：「孩子，現在是十點，距離開放捕捉鱸魚的時間，還要兩個小時，現在我們必須把牠再放回湖子中。」

孩子說：「不要啊！媽媽，我們好不容易才捉到牠。」

說著說著，孩子著急地哭了，母親安慰他說：「放心，以後我們一定會捉到更大的魚。」

男孩看了看四周，接著小聲地對母親說：「媽咪，這裡沒人，沒有人會知道我們釣到鱸魚啊！」

母親嚴肅地說：「孩子，這裡雖然沒有其他的眼睛，但是我們心裡有啊，我們不能欺騙自己！」

在母親的堅持下，鱸魚最後仍然被放走了。

三十年後，這個小男孩成爲紐約最著名的建築師，作品遍及紐約城市的各個角落。不過，沒人知道這個小男孩曾經是貧民窟裡的一員，更沒人會把三十年前的那個情景，與如今受人敬重的大建築師聯想在一起。

你是不是也曾經像小男孩一樣，以爲四下無人，沒有其他眼睛看著自己，便想做出投機取巧的舉動呢？

別忘了，就算你瞞過了別人，也無法瞞過自己。而且，更重要的是，這個「欺騙」會成爲你的心理負擔，會不斷地出現，並誘引你再一次「欺騙」自己和別人。

「獨處」是我們挑戰自己的最好時刻，一個能夠在獨處時誠實面對自己的人，自然也會問心無愧地面對人生。而且，也必定會以堅強的實力，爭取自己應得的成功！

為生命留下永恆的光芒

要認真地看待自己的人生，用積極的態度面對生活，如此，才不會在生命終點站前懊悔人生的結束。

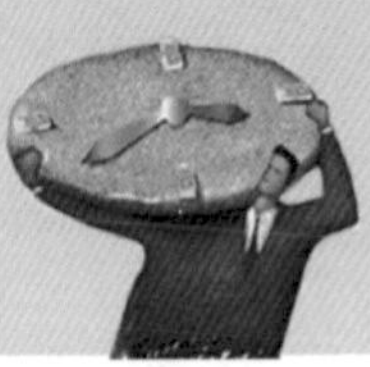

莎士比亞在《亨利四世》裡寫著：「即使生命隨著時鐘的指針飛馳，過了一個小時就要宣告結束，要卑賤地消磨這段時間也嫌太長。」

人生有限，生命無常，我們要以積極、樂觀的態度面對人生，更要認眞珍惜生命的每一分每一秒。

墨瑞．史瓦茲是一位美國著名的社會學教授，然而就在他可以安享晚年的時候，卻不幸罹患了肌肉萎縮性脊髓側索硬化症，醫生診斷後還宣佈他不久將離開人世。

有天，墨瑞接受一家電視台專訪，節目播放時，正巧讓他十六年前的一位學生，如今是作家兼記者的米奇．博姆看見。

米奇看到這則採訪後，連忙趕到教授的病榻前探望。

墨瑞感受到學生的關心與熱情，於是告訴米奇：「在我死之前，我仍然要繼續教學，傳授知識。這將是我人生的最後一門課程，每週一堂，時間就定在每個星期二。」

米奇看著老教授滿臉的教學熱情，感動地說：「我絕對不會曠課！」

從此以後，米奇每週都會坐著飛機，從七百英哩之外的地方趕到老師的病床前聽課。

這門課程一共有十四堂，內容非常廣泛，有家庭、婚姻、愛情、金錢、疾病與死亡等課程，全都是關於生活與人生意義上的課題，而最後一堂則是在「葬禮」

的課題上，做了一個完整的結束。

教授去世後，米奇和其他同學們將筆記整理後出版，書名叫做《最後十四堂星期二的課》。

沒想到這本筆記書一出版後便造成轟動，還在美國圖書暢銷排行榜單上蟬連了四十四週。

每個人都說，這本書的銷售成績不啻是一個奇蹟，當然，創造這個奇蹟的人正是墨瑞．史瓦茲。

他在人生的終點站前，看見生命的最後能量，並將它發揮爲永恆的生命餘韻。

這是墨瑞．史瓦茲對教育的堅持，也是他對生命的認眞。

許多人被醫生宣佈罹患絕症的同時，他們也在當下宣告自己死亡了。

因爲，面對接下來的病痛日子，他們已經失去了生活的目標，更不知道要如何生活，只知道怨天尤人或是自暴自棄。

然而，相同的情況也發生在像墨瑞．史瓦茲的身上。也有人像墨瑞一樣，面對僅剩的生命時光，他們反而用更積極、樂觀的態度前進，因爲他們知道，與其躺在病床上哀聲怨氣，不如展開笑容，讓人生的最後一段路走得更加愉快。

消極悲觀的生活態度最容易磨損一個人的心志，不但讓人動輒產生負面情緒，更會使人喪失勇氣和信心，最後淪爲生活的奴隸。

在紛紛擾擾的時代，與其整天抱怨生活不如己意，不如試著換個角度，讓自己的生活變得更快意。

人生的時間不多，我們要認眞地看待自己的人生，用積極的態度面對生活，如此，我們才不會在生命終點站前懊悔人生的結束。

保有赤子之心，生活才會純真

因為複雜的勾心鬥角與累人的現實計較，讓我們的心負載了多少沉重事物？其實，我們可以不必這麼辛苦。

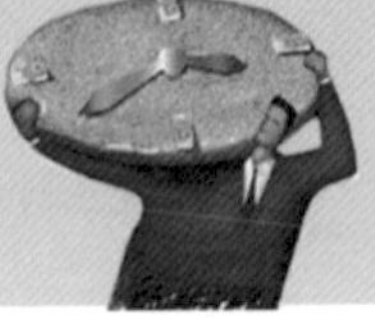

每個人都有一顆赤子之心，不過隨著時間的推移，這顆簡單的心慢慢被存放到無人光顧的角落。

其實，我們的生活可以不必這麼辛苦，我們都曾經有過童年，更可以保有那分童眞之心。

每個人都知道那是最珍貴的，也都渴望擁有，因爲我們知道，只有這分純眞與赤誠，才會讓我們重返歡樂生活。

有對相依爲命的小兄妹，因爲父母早逝，在這個世界上，他是她的唯一親人。男孩非常疼愛這個妹妹，甚至勝過愛他自己。

不幸的是，妹妹有一天罹患重病，需要輸血救治，但是醫院裡的血漿非常昂貴，小男孩根本無力支付。男孩著急地看著需要血液救治的妹妹，醫生又頻頻催促，因爲再不輸血，小妹妹恐怕會有生命危險。

小男孩驗血後，醫生說他的血型正好與妹妹的相符，便問他：「你的血液可以輸送給妹妹，只是你怕不怕痛？」

男孩稍稍猶豫了一下，接著用力地搖了搖頭說：「我不怕！」

孩子嚴肅的神情像是個烈士，臉上充滿著果斷的勇氣與堅強的責任感。

抽血時，男孩強忍著恐懼，深情地看著鄰床的妹妹，並不斷擠出微笑來安慰妹妹。

手術完畢後，男孩的笑容立刻收了起來，帶著顫抖的聲音問：「醫生，我還能活多久？」

當醫生正想嘲笑孩子的無知時，卻看見男孩堅毅的神情，忽然間，被孩子的勇敢給震攝住了。沒想到小男孩一直認爲輸血會失去性命，但卻願意犧牲自己的生命，把血液輸送給妹妹。

那一瞬間，男孩犧牲奉獻的精神，感動了所有醫護人員！

醫生感動地抱起了男孩，安慰他說：「放心吧！你不會死的！」

這時，男孩的眼神中綻放出另一種光彩，接著又問：「眞的嗎？那我還能活多久呢？」

醫生微笑著說：「看你這麼健康，你能活到一百歲啊！」

小男孩一聽，開心地從床上跳下來，在地板上轉了好幾個圈圈，確認自己眞的沒有事。

忽然，他又挽起胳膊，昂起頭，鄭重地對醫生說：「那就把我的血液抽一半給我妹妹吧！那麼，我們兩個人就可以一起再活五十年！」

多麼可愛的童心，純眞而惹人疼愛的犧牲精神，想必會讓許多失去赤子之心的人深感汗顏吧！

男孩珍貴而無價的童眞，是塊樸實的寶玉，不必經過人工雕琢，也能散發出自然的光芒。很多時候，我們期望的也是這麼一顆簡單、無私的心。沒有人喜歡不停地爭鬥，也沒有人喜歡不斷與人對立；即使我們滿心期待天降甘霖，然而風雨來臨之後，我們期待的仍然是陽光普照。

看著小男孩寧可犧牲自己，也要與妹妹同命相伴的情感，我們是否也該好好地想想，因爲複雜的勾心鬥角與累人的現實計較，讓我們的心負載了多少沉重事物？

何不現在就重新整理自己的心思呢？

不要在意犧牲，讓自己保有赤子之心，不問付出多少，只求不斷成長。

為自己點一盞永晝之燈

有許多生物的生存條件比我們還要險惡，也有許多人的生活條件比你我更要艱辛，我們還有什麼好抱怨的呢？

我們的能力，其實與面臨的阻力成正比，遭遇到的阻力越大，我們的能力也就越強。

如果不意識到必須獨自勇敢面對眼前的困難，那麼，我們就不會努力去爲自己做任何事。

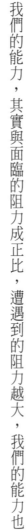

馬里亞納海溝的深處，是個又冷又黑暗的地方。那裡千萬年來一直都是沉寂無聲的，許多動植物幾乎都無法生存。不過，那兒卻偶爾會有些零星的小光點，緩慢地在黑暗中游移，那是安康魚身上發射出來的光芒。

安康魚靠著身上的一盞小燈籠，照亮周遭永無天日的世界。只能在深邃海溝中生存的安康魚，無法享受海域上方澎湃的水流，更無法享受陽光照射海面時的美麗粼光。

但是，牠會靠著自己的力量，在一萬多公尺的深海中努力生存。沒有光線，牠就設法給自己光線。在物競天擇的進化過程中，牠努力開發生存的能量與力量，讓深海底的奇蹟在自己的身上發生。

當安康魚在深水海域中，面對著黑暗、寂寞與平淡時，仍不願放棄生命，堅強地進化自己，以便擁有更堅韌的生存能力，那麼，自詡爲萬物之靈的我們呢？

與萬物比較之後，人類更顯渺小。看著山峰極地裡的動植物，看著深海底的水中生物，牠們在既險惡又單調的環境中，仍能如此努力地生存著。

反觀人們，小小的寒風便抵擋不了，腳趾不小心踢到石頭，便大聲哭著喊疼，還敢自誇爲萬物之靈？

寂寞、孤獨、挫折與失敗……等等痛苦的折磨，我們都有機會遇上。那是生活中另一個美麗的生命點綴，如果因此而放棄自己的人，肯定是個比安康魚還低等的動物。

大自然中，有許多生物的生存條件比我們還要險惡，在人群中，也有許多人的生活條件比你我更要艱辛，我們還有什麼好抱怨的呢？

生活中遇到的艱困越多，我們要越開心才對。

因爲，只有在險惡之中，我們才會激發出無比的力量，創造一盞屬於我們自己的永晝之燈。

困難是我們重要的人生伙伴

人生就是這樣，成功和困難經常結伴同行，唯有能堅持的人，才能突破困境，攀上高峰。

人生本來就有各種面貌，不管是喜怒哀樂還是苦澀艱辛，只要我們能忍人所不能忍，便能享受豐收的喜悅。

因爲懂得生命的艱難，我們才會更珍惜生命的每一個過程。

凡事都是相對的，失敗、挫折其實只是生命中的偶然，不是命運中的必然，勇敢穿越黑暗之後，自然可以見到久違的光明。

只要我們選擇勇敢面對，就能替自己創造更多成功的機會。

有個探險者從尼泊爾啓程，目的地是拉薩，其間必須穿越喜馬拉雅山，並徒步走到西藏，最後抵達拉薩。

一共四十六天的行程，他要走完一千零九十九公里的路程，每一步都是崎嶇難行的山路，過程之艱辛每個人皆可預見。

這個探險者回憶著說：「其實，在這個旅程中，我真正體驗到的不是身體上的磨練，而是心理上的煎熬。每天的進度我都無法預料，當太陽下山的時候，休息地點會在哪裡？前面會不會有什麼想像不到的困難與意外？各式各樣的念頭，每天都在腦子裡打轉，但是，即使心裡害怕過，我的腳步卻一點也不敢停下來，不管步伐多慢，我總是告訴自己：『堅持下去，你一定會突破一切極限！』」

最後，他終於完成了目標，更打破了世界紀錄。

一遇困難便半途而廢，是許多人的通病，現代人在過度享受的生活環境下，一點點辛苦便無法忍受，以爲放棄眼前這個麻煩，下一個便能輕鬆過關，結果往往未如預期，因爲下一件看似輕鬆的事，反而更困難重重。

人生就是這樣，成功和困難經常結伴同行，唯有能堅持的人，才能突破困境，攀上高峰。

當我們像探險者一樣突破心理障礙，給自己一份堅定的意志和信心，我們就能看見生命的無限可能。

如果你還在擔心眼前的困難，何不學學探險者的意志力，告訴自己：「經過這一段，以後就沒有什麼事能難倒我了！」

學會說「不」的技巧

不要因為人情，而加重自己的負擔，唯有培養說「不」的勇氣，你才能擁有自己的時間，去做你真正想做的事。

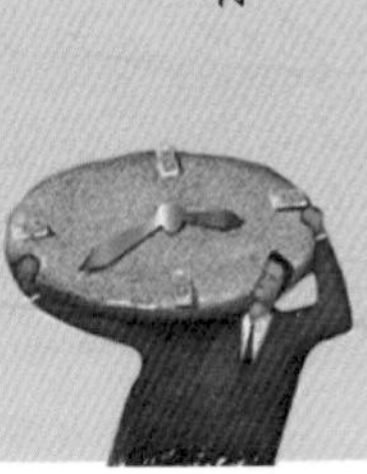

在我們的周遭，總是有人說自己的事情忙不完，只是，眞的有那麼多事情無法做完嗎？還是瑣事太多，沒有把時間合理分配的結果？

作家穆尼爾．納素夫曾說：「人的生活方式如果一味地延續一系列的舊習慣，那麼毫無疑問的，他會淪為生活的奴隸。」

人要活得充實自在，要靈活妥善分配自己的時間，不要把生命浪費在瑣事上，更不要因爲不好意思拒絕別人而變成濫好人。

亞倫在紐約的一家公司任職，從事冷氣維修的工作。

公司裡一共有六位同事，每個人各司其職，也能夠獨立作業，即使訂單忽然增多，上司也會平均分配，讓每個人的工作量都分配得很公平。

但是，每個公司裡就是會有一些像亞倫這樣的濫好人。有同事不能失約於女朋友，或有人家裡臨時有要事，或是誰的身體不適，濫好人亞倫就會接下了所有的工作，不僅每天工作超時，而且常常爲了趕其他同事們的急件，而耽誤了自己的工作。

老闆發現後，訓了他一頓，但是說歸說，亞倫的好脾氣，仍然使他無法拒絕別人的請求。

直到有一天，老闆把他叫到辦公室說：「我知道你的能力很好，但是如果你再不能把自己的事情做好，恐怕得另請高就了。」

亞倫一聽，嚇得連忙解釋說：「我可以把事情做好，只是，其他人最近……

而我……」

老闆沒聽完他說的話，便打斷說：「你想幫忙其他同事，固然是件好事，但是，對我而言只有一個重點，那便是你一直無法把自己的事情處理好，不是嗎？」

亞倫聽到老闆這麼說，把頭低了下來。

老闆拍了拍他肩膀說：「亞倫，每個人都有自己應盡的本分，如果你連自己的都做不好了，又怎麼還有餘力去幫忙別人呢？」

生活中，每個人都有很多事情要做，一些是自己必須要完成的事，有些則是來自別人的請託，仔細想想，讓你忙得團團轉而又做不完的事情，究竟是屬於哪一類？

其實，孰輕孰重，你一定知道，只是你肯不肯說個「不」字。

如果，你是那種對別人的請求，老是回答「好」的人，身上的壓力只會越來越重，更會讓自己手上最重要的事情，不斷被自己耽誤。

日本心理學家多湖輝曾經說過潛在心理造成的後果：「人們正是不好意思拒絕別人，或是沒有及時表達出自己真正的態度，才會讓自己總是為了幫忙別人處理事情而苦惱不堪，自己想做的事反倒一事無成。」

不敢鼓起勇氣拒絕別人不合理的要求，是人性的一大弱點。

不想再做個濫好人，首先你就得先學會說「不」，認清自己的責任和能力，不要因爲人情而加重自己的負擔。

唯有培養說「不」的勇氣和拒絕的技巧，你才能擁有自己的時間，去做你眞正想做的事。

PART 8

認眞面對人生，奇蹟就會發生

只要我們與身邊的人相處能多點尊重與關懷，
認真面對自己的人生，
許多奇蹟一定會在我們的身上發生。

積極才可能創造奇蹟

在把一切責任推給外在因素時，是否應該想想，難到是這些外在因素，逼著我們走向現今的際遇的嗎？

曾經擔任聯合國秘書長的瑞典政治家哈瑪舍爾德曾說：「我們無從選擇命運的框架，但我們放進去的東西卻是我們自己的。」

人生的道路若是你自己選擇的，生命的方向若是你自己決定的，即使站在失敗的位置，我們都沒有責怪別人的資格。

諾德飼養很久的一缸金魚，因爲感染正在當地流行的傳染病，幾乎全都死了，偌大的魚缸中，只剩下一條奄奄一息的小金魚。更不幸的是，幾天之後，他收到了一張醫院寄來的身體檢驗報告，證實他罹患了癌症。

感傷的諾德，每天都絕望地站在魚缸前，對著水中僅存的這條小金魚說：「小金魚啊！你們和人一樣也會死的！小金魚啊！你們和我一樣也會得癌症的！」

不過，奇怪的事情發生了，每當他發現小金魚明明已翻了白肚，第二天卻又生龍活虎地在水中自在悠游。當這個可怕的「金魚傳染病」在其他地方持續發威時，諾德家裡的這條小金魚，卻反而越來越健康。

看著小金魚從翻白肚到快樂悠游，展現旺盛的生命力，不斷地創造奇蹟，諾德也不知不覺中感染了這股生命活力，病情慢慢地康復了。

直到有一天，他看見削瘦的妻子偷偷將魚缸裡的死魚撈了起來，接著放進一隻一樣大小的活金魚，這才明白，原來所有的奇蹟都是他的妻子一手創造的。

他前去金魚店拜訪，老闆告訴他，有個女人經常到他這裡買金魚，只是她總是淚眼汪汪地說：「一定要像這麼大才行啊！不能有任何的偏差，不然我丈夫會沒命的！」

當他知道原因後，感動得說不出話來。

那天回家後，他什麼也沒說，只有給妻子一個深情擁抱。從此，他更加細心地照料魚缸裡的小金魚，他要靠自己的力量，讓小金魚「永遠」活下去。

小金魚也眞的越來越有活力了，而他的病，最後也奇蹟般地好了！

是什麼樣的力量讓奇蹟發生呢？

是諾德的力量，也是諾德太太的力量。

因爲諾德的太太讓小金魚不斷地「活著」，也讓諾德從活著的小金魚身上，獲得了「活下去」的力量，所以讓奇蹟發生了。

每當我們從新聞畫面中，看見許多罹患癌症的人，訴說他們如何克服癌細胞的過程時，我們一定都會發現兩個重點，一是病人自己的力量，一是病人親友的力量。

從這些例子中我們更可以歸結一個重點，那便是這些「力量」比任何化學治療或藥物來得功效卓著。

創造奇蹟的力量一直蘊藏在我們心中，只是我們一直漠視。

生活在困頓或艱苦中的你我，在把一切責任推給外在因素時，是否應該想想，難到是這些外在因素架著刀槍，逼著我們走向現今的際遇的嗎？

不是的，路是我們自己走的，方向是我們自己定的，想讓自己改變現況，就要告訴自己：只要有我在，就不會有失敗的時候；即使失敗，我也會很快地站起來，並積極地走到成功的位置上。

身體的病痛，失敗的痛苦，不管你怎麼垂頭喪氣，任何人也無法幫你。因爲，腳在你身上，自己都抬不起雙腿前進，又怎麼有機會看見眼前的美好光景？

過去的，就讓它過去

世界多變，只要記憶裡還有溫暖或是美麗的畫面，我們不妨繼續彩繪美麗的未來，用以彌補錯過與過錯。

因爲曾經錯誤，我們才能走向正確的路。

人生難免出現缺憾，只要別再懊惱或停滯在錯誤裡，我們都會更知道該如何向未來前進。

別再皺著眉頭，不要讓哀傷繼續籠罩自己，過去的就讓它過去吧。

有個美國人帶著即將到歐洲讀書的孩子，一起在歐洲某個城市旅行。那裡也曾經是他求學所在，許多地方都有他留下的青春痕跡。

舊地重遊，昔日的親切感依然，還有許多說不出的傷感，因爲就在這裡，他失去了最愛。

和兒子走進大學城內的一間餐廳，才剛坐下，這個父親便露出驚奇的神情。原來，這間餐廳的老闆娘，正是他求學時的戀人。

經過二十多年的歲月洗滌，老闆娘的面容不再青春洋溢，而是多了些恬靜氣質。他對兒子說：「她是酒吧老闆的女兒，當年是她的笑容深深吸引了我。雖然她的家人非常反對，但是我們兩顆密不可分的心，已經決定要排除所有障礙，一起私奔！」

後來，他請朋友轉交一封信給這個女孩，並約定私奔的日期和地點。

遺憾的是，他等了一天，女孩始終沒有出現。

他想，女孩終究還是放棄他了，看著滿天對他嘲笑的星光，最後他只有一個人帶著畢業證書回到美國。

兒子仔細聽著父親的故事，突然好奇地問父親：「那你在信上的日期是怎麼寫的呢？」

他說，當然是幾月幾日啊。

然而，兒子說，那寫法是美式排列，歐洲的寫法是先日後月啊！父親這才恍然大悟，原來自己寫的時間是十月十一日，而女孩想的是十一月十日，一個月的誤差，同時也錯失了一段美好的姻緣。

二十多年了，他一直想盡辦法淡忘這段往事。二十多年來，女孩不知道怎麼走過？這麼多年來不知道在她的心中，是否也存在和他一樣的恨。此刻他很想走上前去解釋：「我們都錯了，背叛我們的不是愛情，而是認知錯誤的時間！」

然而，最後他仍然沒有出聲，只默默地買單，心情平靜地回家。因爲，在這個時候，他已經釋懷，不是誰背叛了誰，彼此畢竟眞心愛過一回。

我們都會有誤解、誤判而造成遺憾的時候，只是當這類不該犯的錯誤發生之

時，我們要如何彌補？

其實，假如已經發生的事情無法挽回，過去的就讓它過去吧！

世界多變，只要記憶裡還有溫暖或是美麗的畫面，我們不妨繼續彩繪美麗的未來，用以彌補這些錯過與過錯，這才是人生最值得做的事。

愛情本來就很多變，它是一個最沒有明確未來的目標。即使到了生命終了，我們最愛的也不一定是守在身邊的人，但是，那卻也是我們從錯過裡，獲得的另一個正確的結果。

很多人喜歡歌頌愛情，也有人面對愛情氣憤難消，然而不管是什麼情況，過去的終究該讓它過去，珍惜眼前的人事物才是人生最重要的事。

深思熟慮，才能安全無慮

即使是小步驟，也要三思而行，因為經過深思熟慮，我們才能把機會捉得更緊，讓步伐邁得再大也能安全無慮。

法國詩人夏爾在《甦醒的睡神》裡曾經寫道：「在行動上應該簡單實際，在預見上應該像一個戰略家。」

確實，唯有像個戰略家一樣深思熟慮，人才能採取簡單實際的行動。聰明的人會以不同的發問技巧，引導對方說出他們想要的答案。

有兩個來自美國修行者在花園散步，那是奧修大師規定的，他們每天早上和晚上都必須執行這個動作。

奧修大師說：「散步是一種靜心方式，它的靜心效果與禪修一樣，畢竟沒有人能二十四小時都坐著，雙腿需要活動來促進血液循環。所以，當你靜坐幾個小時後，就要起身改以散步的方式來進行，而你的『靜心』修行仍持續著。因此，無論是散步或靜坐，內心的感知都會相同。」

有一天，這兩位修行者很想抽煙，他們商量後決定請求大師允許。

「雖然得到『不』字的機會很大，但是我們還是去問問看。畢竟，我們是選擇在花園裡抽煙，而不是在他的屋子裡。我想，這樣應該不會褻瀆到神聖的園地吧！」其中一個這麼說。

第二天，兩個人在花園裡碰面，其中一位臉上立刻露出不滿的神情，因爲他看到另外一位正開心地抽著煙。

沒有抽煙的門徒，以不友善的口吻問他：「爲什麼你可以抽煙？我問大師之時，他連想都沒想，就直接拒絕我的請求。爲什麼你還在抽煙？你敢不遵守他的命令？」

這個抽煙的門徒，停下了吐納的唇，帶著無辜的語氣說：「不是啊，奧修大師說可以抽煙啊！」

這個無煙可抽的門徒一聽，氣呼呼地說：「怎麼會這樣？眞不公平，我現在就去問他，爲什麼你可以，我不行？」

這時，他的同伴連忙阻止他，並且問道：「先等一等，昨天你是怎麼問大師的啊？」

他疑惑地答道：「我怎麼問？我當然是問：『請問大師，當我在修行靜心時可以抽煙嗎？』誰知大師說：『不行！』而且我還看見在他的臉上，露出不悅的神色！」

這個手上仍拿著煙的門徒，忽然笑了一聲，接著說：「喔，難怪你不能抽煙，你知道我怎麼問的嗎？我說：『我想請問大師一件事，當我抽煙時也能修行靜心嗎？』大師點了點頭說：『當然行！』」

兩個修行者不同的發問方式，不僅表現出兩個人的智力高低，也彰顯了兩個人修行的成果。

生活中，每一件事都是多元的，只是多數人悟性不高，又懶得思考，所以思路總是筆直的線條，即使有個現成的彎路可以安全輕鬆地前進，也不願意多繞個彎，反而喜歡選擇崎嶇難行的爬坡，或充滿扎人荊棘的危險途徑，導致自己陷入險境。

即使是一個小步驟，我們也要三思而行，因爲經過深思熟慮，我們才能把機會捉得更緊，讓步伐邁得再大也能安全無慮。

認真面對人生，奇蹟就會發生

只要我們與身邊的人相處能多點尊重與關懷，認真面對自己的人生，許多奇蹟一定會在我們的身上發生。

天地萬物都有相同的天性，也以不同的形式展現愛的力量。烏鴉懂得反哺，母鳥也明白護衛鳥蛋的責任，即使是寵物狗也知道要守護家園。

即使到了世界末日，愛的力量也永遠不消失，因爲那是生命的起源，更是萬物賴以生存的重要依據！

有個旅行者某天來到撒哈拉大沙漠，當他在沙漠中艱難前進時，看到這麼一幕感人的畫面。

有一隻母駱駝帶著幾隻小駱駝前進，牠們全都低著頭，並用力地嗅著滿地乾燥的沙子，一般人看到這情況都知道，這是駱駝們尋找水源的動作。

旅人看見牠們眼睛裡佈滿血絲，直覺認爲這幾隻駱駝似乎就快支撐不住了。在炙熱的太陽底下，旅人同情地看著這些無精打采的駱駝，雖然知道牠們非常口渴，卻也無能爲力。

旅人還發現，小駱駝們緊緊地挨在駱駝媽媽身邊，但是母駱駝卻又不停地驅趕著孩子們，不想讓牠們走進她的陰影裡。

終於，牠們來到一個半月形的泉水邊，小駱駝們非常興奮，各自奔到前面。但是，這裡的泉水水位太淺了，小駱駝們站在高高的岸邊，用盡辦法都無法讓嘴巴觸碰到水。

忽然，旅人看見一個驚人的畫面。那隻駱駝媽媽在孩子們的身旁蹭了蹭，接著縱身一躍，墜入了深潭底下，泉水也在一瞬間漲高。

那個高度，剛好是能讓小駱駝們沾溼嘴角的高度。

我們從大自然的種種現象，經常能看見動人的畫面。萬物謹守著自然的定律，發揮著比人們更爲高貴的生命德行，在牠們小巧的腦袋裡雖然少了人們的聰明，卻多了人們逐漸流失的簡單眞心。

當我們讚嘆大自然的美妙時，眞正嘆息的不是自然的美景，而是表露在其中生生不息的自然定律。那是生命的眞諦，也是瑰麗的生命之美。

當駱駝媽媽犧牲自己的剎那，我們是否也感受到那分眞摯的親情？

其實，我們來到人間能做的事情並不多，但是不管人生怎麼變化，我們都必須持續執行一件任務，那便是發揮愛的力量。

這個任務其實很簡單也很輕鬆，只要我們面對陌生人能多點微笑，與身邊的人相處能多點尊重與關懷，就像〈阿甘正傳〉裡的男孩一樣，認眞面對自己的人生，許多奇蹟一定會在我們的身上發生。

選對目標才有衝勁

想一想自己的興趣是什麼，夢想又是什麼，釐清了自己的目標，你自然能夠輕而易舉地攀上高峰。

生活上真正需要的不是方法，而是找到目標。

還記得曾有過的迷惘日子嗎？漫無目標的前進，不僅讓人失去生命的動力，也失去信心。

不一定需要崇高的理想，即使是個值得奮鬥的小目標，也會讓我們的日子充滿活力與動力。

心中有了明確的北極星照，我們才不會繼續迷失。

據說，以前在安地斯山裡，住著兩個好戰的部落，一個群居在山腰，另一個則集中在山頂。

有一天，住在山頂的部落發起一場突襲。他們忽然入侵山腰部落，引起一場激烈戰鬥，最後高山部落獲勝，還帶走一個小嬰兒作爲戰利品。

從未攀爬到山頂的山腰部族，爲了救回小嬰兒，決定派遣一支最堅強的勇士部隊爬上山峰，救回他們的孩子。

然而，勇士們試了各種方法，卻只爬到不足十分之一的地方。

時間已經逼近傍晚時分，他們不得不放棄救援行動，因爲黑幕一旦籠罩，他們將會進入另一種危機之中。

就在勇士部隊整隊完畢，準備返回之時，忽然看見小嬰兒的母親，披頭散髮地從山頂的方向走了下來。在她的背上，他們看見一個正安穩熟睡的小嬰兒。

其中一位勇士走上前迎接她，並問：「妳是怎麼辦到的？爲什麼我們用了那麼多方法都沒辦法爬上去呢？」

母親想了想，只說：「因爲他是我的小寶貝。」

什麼樣的事物最能吸引你的目光？

當某件事物吸引你時，生活是不是充滿了活力與衝勁？

如果你做任何事總是力不從心，又或是總有懶散的情緒，那正表示對現在進行的事物，你一點也不感興趣。

既然沒有興趣，爲什麼要勉強自己呢？

先暫停手上的工作，想一想自己的興趣是什麼，夢想又是什麼，釐清了自己的目標，你自然能夠輕而易舉地攀上高峰。

誠信是待人處事的第一要件

既不老實也不守信的人，即使真正的機會擺在眼前，也會視而不見，只會貪心地看見，另一個完全不屬於他的機會。

人世間固然充滿各種誘惑，但活在這個世界上，每個人都應該努力做有價值的人，坦然面對自己，然後征服自己，戰勝自己。

誠信是生活中最重要的核心要素，當一個人失去信用的時候，不管他找了多少人背書，或是用了多少方法證明一切，也很難挽回人們的信任。

有個老鎖匠技藝非常高超，不僅收費合理，也深受當地居民的敬重。

因爲，這個老鎖匠爲人相當正直，每修好一把鎖，都會留下自己的姓名與地址，還會對顧客說：「如果你家的門鎖，被竊盜用萬能鑰匙打開的話，儘管來找我理論。」

老鎖匠年事已高，害怕技藝失傳的他，決定收幾個徒弟傳授。

最後，他收了兩個徒弟，經過一段時間後，兩個年輕人已經把基本功夫都學會了。不過，老師傅其實留了一手，因爲他的秘技只能傳授給一個人，爲了挑出最適當的接班人，老鎖匠便進行一項測驗。

他將兩個保險箱分別放在兩個房間，並由兩個徒弟分別開啓，只要在最短時間內打開的就是勝利者。

結果，大徒弟只用了十分鐘便打開保險箱，二徒弟卻花了半個小時。當大家都認定大徒弟勝出時，老鎖匠問大徒弟一個問題：「保險箱裡有什麼東西？」

這時大徒弟眼睛發亮地回答：「師傅，裡面有很多錢呢！而且，一疊一疊的，全是百元大鈔！」

接著，老師傅問了二徒弟相同的問題，二徒弟卻支吾了半天，最後說：「師傅，我沒有注意到箱子裡有什麼東西，因爲您只要求我開鎖而已，我顧著開鎖，裡面的東西就沒在意了。」

老鎖匠一聽卻十分開心，接著鄭重地宣佈，二徒弟是他的正式接班人。這個決定不僅讓大徒弟不服，也令在場所有見證人不服。

老鎖匠說道：「不管從事什麼行業，最重要的就是一個『信』字，尤其是做我們這一行的，更要有超高的職業道德。所以，我收徒弟的標準，最重要的就是他的道德心，不僅要會開鎖，還要對錢財視而不見。一旦心中有了貪念，他就有可能讓顧客陷入危險之中，他設計的鎖也會很輕易讓別人開啓，最終只會害人又害己。」

老鎖匠最後對著兩名徒弟說：「我們從事鎖匠事業的人，心中要有一把不能開啓的鎖。」

就像老鎖匠說的，一個既不老實也不守信的人，不僅別人不給機會，連他自己也會親手把機會斷送。因爲，即使眞正的機會擺在眼前，他也會視而不見，反而只會貪心地看見另一個完全不屬於他的機會。

說「道德」可能會沉重了點，那麼如果用「無愧於心」，會不會比較簡單、清楚呢？

評定人生價值的方式有很多，但是喜歡「自由心證」的我們，應該要隨時反省自己。不僅要在我們的心中放一個天秤，更要鑲上一個凡事「反求諸己」的鎖，讓我們在待人處事上不會有任何偏頗或缺失。

如此一來，我們才會有祥和與更融洽的人際互動。

把心放空，才能容納新事物

虛心受教，我們才會得到更多的學習機會；把心放空，我們才會有更大的成長空間，容納每一個全新的學習體會。

俄國生理學家巴甫洛夫曾經勸告年輕人：「無論在什麼時候，都不要以為自己已經知道了一切。」

人不可能全知全能，「滿招損，謙受益」是智者的生活哲思，也是我們追求知識應有的學習態度。

有個年輕人對法門寺的住持說：「我一心想學丹青，可是至今還未找到一位令我滿意的老師。」

住持問：「你南北奔走了十多年，難道連一位好老師都沒遇見過？」

這個年輕人嘆了一聲：「唉！許多人根本都徒具虛名而已，甚至有些人的畫技還不如我呢！」

住持一聽，淡淡地對他說：「老僧雖然不懂丹青，卻也喜歡收集一些名家畫作，既然施主的畫技不比那些名家遜色，那麼，請施主也為老僧留下一幅墨寶吧！」

說著，他便吩咐一個小和尚，去準備筆墨紙來。

住持說：「老僧的最大嗜好就是品茗飲茶，所以，也很喜愛收藏一些古樸茶具，我想，就請施主為我畫一個茶杯和一個茶壺。」

年輕人笑了笑說：「這還不容易！」

他調了調墨色，不一會兒工夫，就在宣紙上畫出了一個傾斜的茶壺和一只造型典雅的茶杯，壺嘴處還徐徐地吐出一道茶水，生動地注入那個茶杯之中。

年輕人畫好後，轉身問住持：「您滿意嗎？」

住持微微一笑，卻搖了搖頭：「您畫得確實不錯，但是卻把茶壺和茶杯放錯位置了，因爲茶杯應該在上，茶壺在下。」

年輕人不解地問：「大師，您弄錯了吧！茶壺裡的水要倒進茶杯中，怎麼可能茶杯在上，茶壺在下呢？」

住持微微一笑，說道：「哦，原來你懂得這個道理啊！你渴望自己的杯子能注入丹青高手的香茗，卻又老是把自己的杯子，放得比那些茶壺還要高，如此一來，香茗怎麼能注入你的杯中呢？唯有把自己放低，才能吸納別人的智慧與經驗啊！」

年輕人頓時醒悟，沒想到自己一直抱著錯誤的心態，讓生命白白浪費掉許多時間，更錯過了許多難得的學習機會。

人生本來就充滿選擇，如何面對發生在自己眼前的事情也是一種選擇，你的態度將決定你未來的人生道路。

懂得放空自己的人，會懷抱著謙虛的心，容納各種新事物，絕對不會像目光狹隘的人，一味沾沾自喜於眼前的微小成就，因而會讓自己站得更高，看得更遠，望向更寬廣的視野。

學會謙卑，才會獲得別人的信任與協助。虛心受教，我們才會得到更多的學習機會；把心放空，我們才會有更大的成長空間，容納每個全新的學習體會。

所以，別再把頭抬得那麼高了，懂得把頭低下來，你才能看見踩在腳下的無盡寶藏啊！

一味模仿只會讓自己誤陷危機

只要原來的自己沒有消失，只要不是另一個人的複製品，便還有機會在未來的日子裡，綻放生命賦予你我的獨特魅力。

適度的模仿並非壞事，但只懂得完全依樣畫葫蘆的人，只會越來越失去自我，更會慢慢地失去身上獨一無二的個人魅力。

所以，不要讓自己成爲一隻只會模仿的猴子，因爲，只會模仿的猴子，無論怎麼努力模仿，也始終無法變成眞正的人。

猴子是萬物之中最善於模仿人類動作的動物，不僅人們喜歡教導牠們表演各式各樣動作，牠們也很愛學習模仿人類的動作。

在某個森林裡的猴子們就很愛找模仿的對象，這天牠們坐在樹上時，便偷偷地觀察著底下獵人的動作。

只見獵人在草叢裡不斷地打滾，樹上的猴子們就竊竊私語著：「這個人的動作眞多，玩法還眞是不少啊！你看他，一會兒翻身，一會兒又滾又爬，一會兒跌跌撲撲，一會兒又縮成一團的。」

「是啊！不過，不管他的動作有多麼複雜，我們還是能學會的，因爲猴子是最聰明的動物！他那點玩意兒根本難不倒我們，等會我們就來試一試吧！」另一隻猴子提議說。

「好哇！好哇！我們來模仿他吧！這個人看來快走了，他一走，我們就下去試一試吧！」一說到玩模仿遊戲，小猴子們立刻變得活力十足。

不一會兒，獵人果眞離開了，樹上的小猴子立即嚷道：「快點下去吧！別錯過了這個遊戲機會，看誰模仿得最像，誰就能當我們的大王。」

猴子們一聽，立即爭先恐後地從樹上跳到地面，只見牠們一個觔斗便翻進了獵人佈置的羅網裡。

在這個羅網中，猴子們又跳又鬧、唱歌跳舞，玩得相當開心，但牠們卻不知道，就在獵人離開前，已經偷偷地在地面上設下了陷阱，而這個陷阱正是牠們跳入的羅網。

直到猴子們玩累了，想走出這個羅網時，這才發現自己被困住了。無論怎麼衝撞，又多麼努力地想掙脫，始終無濟於事，因爲越是扯動羅網，網子反而收得越緊。最終，牠們累得癱在網子裡，除了惱怒自己太貪玩外，就只能任由獵人擺佈了。

對你來說，善於模仿人類動作的猴子，到底是聰明的動物，還是始終是種不會用大腦的笨蛋？

想像著猴子們靈巧地模仿獵人在地面上的動作，確實讓人忍不住想發笑，因爲現實生活中，我們也經常看見動物們模仿的動作，畫面的確十分有趣。但是，換個角度思考，在這些模仿動作中牠們能保留多少自我呢？

從小故事見大問題，現實生活中的你我其實也面臨著相同的問題，經商者在選擇目標市場時，或社會新鮮人在決定人生方向時，參考的到底是市場的趨勢，還是心中的眞正夢想，或許只有我們自己知道吧！

現在，我們不必再探討故事中的旨意，只需要問一問自己：「我的特色在哪裡？眼前的路是我想走的嗎？再這樣模仿下去，我還能持續多久？」

聊到這裡，不妨停下思考，來到鏡子前仔細地看一看自己，看看眼前的你是否依然是原來的你。只要原來的自己沒有消失，只要不是另一個人的複製品，我們便還有機會在未來的日子裡，綻放生命賦予你我的獨特魅力。

PART 9

不氣餒，才有第二次機會

從人生的巔峰上跌落下來，
掉落失敗的谷底，有人從此一蹶不振，
當然也有人視為人生的另一個開始。

不氣餒，才有第二次機會

從人生的巔峰上跌落下來，掉落失敗的谷底，有人從此一蹶不振，
當然也有人視為人生的另一個開始。

人生的道路當中，有無數條途徑通往失敗，只有一條道路連接成功。但是，成功並不困難，它就在無數條失敗道路的旁邊，能不能持續走在成功之路，全看我們能不能超越自我。

不要自恃過去的成就，以爲往後的成功就一定是你的；一旦跌倒，也不要埋怨過去的付出，人生隨時都會有新的開始。只要你能夠認清這個事實，你的人生就不會有眞正失敗的時候。

第二次世界大戰結束，法西斯大敗，由同盟國獲得勝利。

當時的英國首相邱吉爾，則是這同盟國的三大巨頭之一。

二次大戰期間，他率領大英帝國這艘船艦，繞過了戰爭的暗礁，避免英倫三島淪陷的命運，可謂戰功顯赫。

然而，在戰後的首次國會大選中，邱吉爾卻被選民趕了下台。

當時，有記者採訪邱吉爾時，問他說：「在二次世界大戰中，你的戰功非常卓越，但是，這次卻意外失去了首相寶座，你會不會覺得英國人太忘恩負義呢？」

邱吉爾點了點頭說：「是的。」不過，他話鋒一轉，接著說：「但是，有忘恩負義的民族，才會有出息的人民。」

對於這樣的結果，邱吉爾一點也沒有怨言，更沒有陶醉在過去的功績裡自得意滿，反而更加自我惕勵，隨時準備好戰鬥力，準備贏回首相之位。

終於，邱吉爾在下一場國會議員競選中，再次奪回了首相寶座，成爲影響英國最深遠的一位首相。

從人生的巔峰上跌落下來，掉落失敗的谷底，有人從此一蹶不振，當然也有人視爲人生的另一個開始。

人生有太多的意外，像邱吉爾，雖然名聲響亮、功績顯赫，仍然敵不過難以預料的民意，如果邱吉爾當時只會怨懟人們，沒有好好調整自己的步伐，重新來過，也許「邱吉爾」只是某一段時間的歷史名詞而已。

跌倒了，邱吉爾積極地再站起來，決心重返首相之位，過去的就讓它過去，包括他曾經建立的豐功偉業。所以，直至今日，不只是英國的歷史，甚至是整個世界的歷史記錄中，沒有人能遺漏邱吉爾之名。

你可以從不同的角度看生活

人生有許多面，有積極或消極，也有活力或頹喪，你怎麼搭配組合，你的生活面貌便會那麼呈現。

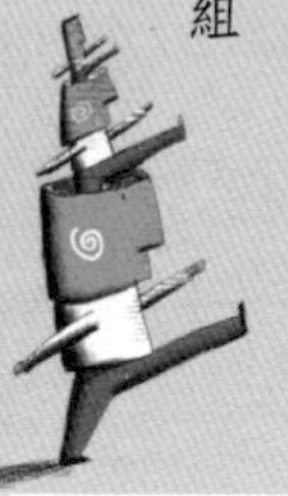

幸福是一種心的感受，痛苦也是一種心的感受。

人生有多灰暗，事實上是從你站立的角度去審定。

如果你非得背對著陽光，或躲在陰暗處看人生，再溫暖的陽光也無法關照到你，天氣再怎麼溫暖，你仍然會冷得直打哆嗦。

有位太太請了一位油漆匠，到家裡粉刷牆壁。

當油漆匠一走進門，便看到她那位雙目失明的丈夫，心中頓時流露出憐憫的目光。

經過相處之後，油漆匠卻發現，這個男主人非常開朗、樂觀，他在那裡工作的時候，兩人談得很投機，他也從未提起男主人的缺憾。

工作結束時，油漆匠拿出了帳單，但是，太太卻發現帳單上的價格，比當初談妥的價錢少了許多。

她問油漆匠：「你有沒有算錯？怎麼少算這麼多？」

油漆匠回答：「沒有錯，因爲我跟你的先生在一起時，讓我覺得很快樂，特別是他的人生態度，讓我覺得自己的境況還不算壞。我減去的那個部分，是我對他表示的一點謝意，他讓我知道，生活有很多角度可以看，像我這份工作其實一點也不辛苦，他讓我可以更開心地面對未來！」

油漆匠對丈夫的推崇，使她流下了眼淚，因爲這位慷慨的油漆匠，其實只有一隻手。

每個人都有各自的幸福和痛苦，只不過是程度不盡相同，誰認爲自己遭受的痛苦最少，誰就是最幸福的人。

眞正的殘缺不是身體的殘缺，而是心理的殘缺，當失明的丈夫像太陽一樣地光明照耀時，少了一隻手臂的油漆匠，這才看見自己的明亮人生。

人生有許多面，有積極或消極，也有活力或頹喪，你怎麼搭配組合，你的生活面貌便會那麼呈現。

希望人生是彩色的，你就別再「積極地過著頹廢的生活」。

別忘了，人生是你自己的，應該由自己做主，就算只有一隻手，你仍然可以盡情地彩繪你的天空。

不要讓生活變成勾心鬥角的折磨

生活在勾心鬥角的折磨中，根本是困在自設的牢籠中，不僅活得不快活，還要隨時擔心哪天會失去自己所擁有的一切。

老一輩的人都會這麼告訴我們：「吃虧就是佔便宜。」

什麼才是眞正的佔了便宜呢？

答案是，做一個人人都想佔你便宜的人，因爲，那正表示你的能力，人人望塵莫及。

不妨讓別人佔一佔你的便宜，如此一來，你的潛能將不斷地更新、開發，而對方則將停留在原地，不再成長。

李先生和張先生是大學時期的同班同學，畢業之後，兩人也進入了同一家公司服務。

雖然是同窗好友，但是一進入職場，兩個人的性格便完全區隔出來。

李先生是個非常工於心計的人，擅長鑽營，只要是好事，都會往自己的身上攬，一出了岔子，便想盡法子把錯誤往張先生的身上推。

而張先生則是個老實、守本份的人，做事勤懇踏實，再好的成績都會分享給所有人，強調一切都是上司的支持與同事們的配合，一旦出錯也會勇於承擔責任，並盡力將錯誤彌補過來。

有位明察秋毫的主管，發現了張先生的才能，於是提拔他擔任部門經理，然而這件事卻令李先生非常嫉妒，還懷恨在心。

後來，舊主管退休，換了一位新主管，小心眼的李先生便乘機屢進讒言，把張先生貶得一無是處。

沒想到，這個新來的主管也不查核，只聽信李先生的一面之詞，便免除了張先生的職位，還由李先生取而代之。

終於順遂所願的李先生，自是得意非凡。

而張先生卻一副輕鬆自在的模樣，並對著爲他抱不平的朋友們說：「吃虧是福，欺人是災。」

自有一套處世哲學的張先生，仍安安分分地努力工作著。

十年的時間眨眼便過去了，張先生如今一家和樂，安寧富足；而那位硬將張先生擠下台的李經理，自知能力不足，因此爲了保住自己的位子，無時無刻提心吊膽，費煞苦心地勾心鬥角，搞得自己心力交瘁，高血壓、高血脂、心臟病……等病症，全都找上了他。

李先生的最後下場是，孤獨地臥在病房裡，一個人獨自回想當年賓客盈門的場面，心中感慨萬分。

什麼才叫吃虧?誰才是真正地佔了便宜?故事裡的李先生和張先生已經清楚地告訴我們。

其實,老想著佔別人便宜的人,對自己都很沒有信心,他們清楚自己的能力有限,所以只會想盡辦法要竊佔別人的機會,不過,就算讓他們佔盡了便宜,總有一天,他們仍然會自食惡果,甚至把所有得到的便宜,連本帶利地還給被竊佔的人。

像李先生那般,生活在勾心鬥角的折磨中,根本是困在自設的牢籠中,不僅活得不快活,還要隨時擔心哪天會失去自己所擁有的一切。

幸福其實就在你身邊

只要生活充實、開心，心情安樂、寧靜，你才算是真正知道幸福的定義，擁有真正的幸福。

人一生下來，其實便朝著幸福的方向前進。

小嬰兒躺在父母的懷裡，是一種幸福，得到師長的肯定，也是幸福的事；隨著成長，自己開始懂得幸福的定義，知道在捨與得之間取得折衷，卻也在捨與得之間失去平衡。

有個父親臨死前，對他的兒子說：「孩子，我走了之後，你一定要幸福地過日子。」

兒子哽咽地說：「父親，請你教教我，如何才能得到幸福的生活？」

父親有氣無力地回答說：「到外面的世界闖一闖吧！人們會告訴你幸福的方法。」

於是，處理完父親的後事之後，兒子即刻起程，尋找幸福的生活。

這天，他走到河邊，看見一匹又瘦又老的馬，正在岸邊漫步。

這馬兒開口問：「年輕人，你要到哪裡去？」

「我要去找幸福，你能告訴我，它在哪裡嗎？」

馬回答道：「嗯，在我年輕的時候，只知道不餓肚子，有居住的地方，其他的事我什麼也不管，當時的我，便認爲自己已經是最幸福的了。如今我老了，人們便把我丟棄在這裡，什麼保障都沒有。所以，讓我告訴你，年輕的時候要懂得珍惜，不要像我那樣，只想等著享受別人爲你準備好一切，凡事要靠自己，幸福由自己捉住，更要學會爲別人的幸福而高興，那麼你才會永遠感到幸福。」

年輕人聽完後，繼續往前走。

有一天，他在路上碰到了一條蛇，問他：「小夥子，你要往哪裡去？」

「我要去尋找幸福，你知道幸福在哪裡嗎？」

蛇說：「我啊，一輩子都以自己的毒牙自豪，因爲大家都怕我，所以也自認自己比任何人都強，後來我卻發現，這種想法是不對的。因爲，如此一來大家都恨我，個個都想殺我，我必須到處躲藏，害怕遇到人們。所以，你只要不要用語言去騙人或害人，那樣你一輩子就不會有任何恐懼，也不必躲閃，相信那就是你的幸福了。」

聽完蛇的忠告後，年輕人繼續往前走。

這天，他在一棵樹下，發現一隻知更鳥，牠身上有著淺藍色的羽毛，非常鮮艷、光亮。

鳥兒問：「小夥子，你要到哪裡去？」

他回答：「我要去尋找幸福，你知道什麼地方能找到幸福嗎？」

知更鳥回答說：「你已經找了很久了吧！從你臉上的灰塵和身上的破衣服，

相信你已經變了個樣，恐怕過路人都要避開你了。我想，幸福和你是沒有緣份的了，你記住我的話：把美表現在身上，那麼你周圍的一切也會變得美麗，屆時你的幸福就會來到。」

年輕人一聽，這才恍然大悟，他現在終於明白了，原來幸福不在任何地方，而是在自己的身邊。

其實，我們都知道什麼叫幸福，卻不願正視，所以才會經常失去幸福，失去了與生俱來的善與美，一如知更鳥所說的「表現在身上的美」。

我們經常把「幸福」物化，爲了「尋找幸福」，我們鑽進「金錢」或「物質」的死胡同裡，只是，當我們能坐擁金山時，卻往往更爲孤獨而驚慌，何以如此？

因爲，我們錯認幸福的定義！

不是荷包滿滿，才能幸福，也不是地位崇高，才能得到幸福。

幸福一直在你的身邊，只要生活充實、開心，心情安樂、寧靜，不必依靠外物的加持，精神就能飽滿，如此，你才算是眞正知道幸福的定義，擁有眞正的幸福。

你還在爲那些後悔不已的事情痛苦疑惑嗎？別忘了，適時讓想法轉個方向，眼前就會是柳暗花明的幸福之鄉。

人要活在當下，活出未來，不要再爲無法挽回的事情痛苦，很快你就會發現，幸福人生簡單就可以擁有。

從小地方開始培養你的定力

生活本來就是由小事累積，成功也是不斷忍受小事折磨的結果，千萬不要對小事視若無睹。

法國文豪大仲馬在《基督山伯爵》裡說：「當你拼命完成一件事的時候，你就不再是旁人的敵手。說得正確些，旁人已經不再是你的對手了。」

只要下定決心，把自己想做的事情做好，那麼，在也沒人能夠阻擋你向前邁進的腳步。

所謂夏日炎炎正好眠，在這樣催人欲睡的天氣下，教堂裡，牧師冗長的佈道演講，令教徒們個個都昏昏欲睡，有些人還眞的打起了磕睡。

當整個教堂裡，所有的人都在打磕睡時，只有一位紳士挺直了腰，張大著眼睛，專心地聽著牧師的演講，與四周的人成了強烈的對比。

這個看起來精神百倍的虔誠教徒不是別人，正是當時鼎鼎有名的英國首相格萊斯頓。

佈道結束後，有人好奇地問格萊斯頓：「爲什麼其他人都聽得打起磕睡，還有人忍不住乾脆小睡一下，你卻仍那麼有精神。想請問，你從牧師的話裡得到了些什麼？」

格萊斯頓微笑地說：「老實說，聽這些一無可取的傳道，我也很想打磕睡，只是，在快睡著的那一剎那，我突然想到，何不試試自己能夠忍耐到什麼程度？於是，我開始聚精會神地從頭聽到尾。沒想到，我竟然能堅持到最後，所以我告訴自己：『格萊斯頓，你忍耐得很好，以後用這樣的耐心，面對政治上各項難題，相信沒有什麼事不能解決的了！』所以，對於今天的演講，我感觸至深，而且也得到了不少好處與啓示。」

德國詩人作家歌德曾經寫道：「誰若遊戲人生，他就一事無成，誰若不做自己的主宰，就永遠只能做一個輸家。」

想要過著充實而有意義的生活，就一定要克制自己的惰性，何不像格萊斯頓一樣下定決心改變，當自己生命的主宰？

成功是從小地方開始的，以一個小磕睡來磨練自己的毅力，對許多人來說，肯定會視爲一件可笑的事，但是，如果我們換個角度看，連小事都做不好的人，又如何能成大事呢？

生活本來就是由小事累積，成功也是不斷忍受小事折磨的結果，當我們對這些眼前的小事視若無睹，卻對台階上的終點欣羨不已時，請低下頭，看看腳下的小台階吧！

知足，才會充分滿足

能知足，你才能在生活中充分獲得滿足，想一想，你都不能十全十美了，又如何能要求別人要盡善盡美呢？

人生其實很簡單，只是有的人想得太複雜，才會動不動就抱怨環境。「抱怨」人人都會，「牢騷」人人都愛發，只是在發出怨言之前，請先做好比較，免得當你抱怨完後，好不容易離開了現況，這才發現「新不如舊」，卻爲時已晚。

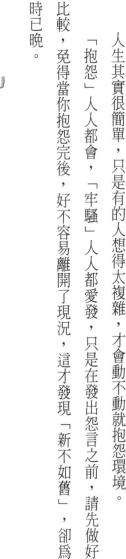

有一匹生長在農家的馬兒，每天都有許多工作要進行，經常累得筋疲力竭，但是主人供給的飼料卻很少。

有一天，這匹馬兒向上帝祈求，希望能讓牠換個新主人。

沒想到，這個願望眞的實現了。幾天之後，農夫把牠賣給了一個做陶器的工匠，於是，馬兒非常開心地來到了新的環境。

沒想到，來到這個陶器工匠的家中，馬兒的工作更多了，幾乎連喘口氣休息的時間都沒有。

不久，馬兒又開始抱怨了，埋怨自己的命運不好。

於是，牠再次祈求上帝，希望能重新再找一位主人。

上帝讓牠的願望再次實現了。

這次，陶器匠把牠賣給了一位皮革匠。

當馬兒來到皮革匠的院子，看見到處掛滿了馬皮時，只能大聲地哀嘆：「唉，我眞是可憐！早知道就安分地跟著原來的主人，現在我什麼工作都不必做了，我的皮恐怕也不保了。」

幽默作家馬克．吐溫曾經勉勵年輕人：「每天務必做一點你不願做的事，這是一條寶貴的準則，因為它可以讓你發現自己的生命潛力。」

絕大多數的環境都是優劣參半的，無法盡善盡美，你該做的是挑戰它，從環境的砥礪中激發自己的生命潛力。

不要動輒抱怨眼前的處境，生活其實沒有想像中那麼困難，唯有知足惜福，你的生命才會更加豐富。

能知足，你才能在生活中充分獲得滿足。常聽到人們說，做一行怨一行，但是，我們可以補充一句，離開了這一行，才後悔當初怎麼不珍惜，爲什麼自己那麼不知足。

別再苛求了，仔細想一想，你自己都不能十全十美了，又如何能要求別人一定要到盡善盡美呢？

想成功，就要多聽逆耳的話

讚美，是一種敷衍，甚至是另一種嘲諷，你是聽取讚美而自滿，還是從批評中得到比較，知道誰說的話才出自真心？

如果你希望自己能有所進步，那麼就應該知道選擇什麼樣的建言，讓自己不斷成長。

多聽逆耳的話，你才有機會發現錯誤，並不斷地修正自己的步伐，慢慢地成長、茁壯。

在馬戲團裡，有一隻正在學習跳舞的大熊。

訓獸師非常努力地教導，但是，這隻熊卻不管怎麼教，都無法跳出讓人滿意的舞姿。

有點受挫的大熊，跑去問猴子：「我跳得如何？」

猴子搖了搖頭說：「老實說，很糟糕。」

大熊爲找出自己的問題所在，便繼續問猴子：「相信你也看出我的問題所在了吧！那麼，是我的舞姿不優雅？還是我的舞步不正確呢？」

這時，豬走了過來說：「大熊，你跳得很不錯啦！我相信，再也找不到比你跳得更出色的人。」

大熊聽到這番話後，想了想，接著謙遜地說：「本來，猴子在批評我時，我心裡還有點懷疑牠是不是太過苛刻；可是，當你誇讚的時候，我就知道，我一定跳得很差。」

爲什麼豬說了這番話，大熊才確定自己跳的舞步眞的很差？

大熊希望找到一個中肯的建議者，但是，當眞正聽見猴子嚴格的批評時，卻又免不了心生不服，直到豬一味的推崇與讚美，大熊這才醒悟，自己眞的跳得很差。

因爲豬的讚美，對牠而言是一種敷衍，甚至是另一種嘲諷，所以這讓大熊知道，自己一定跳得很差了，否則不會連個中肯的批評都聽不到，反而聽見誇大的讚美。

我們可以說，大熊其實頗有自知之明，能看見自己的缺點。如果是你，你是聽取豬的讚美而自滿，還是從猴子的批評中得到比較，知道誰說的話才是出自於眞心？

這個小小的寓言故事，點出忠言逆耳的事實。

逆境，暗藏著無限可能

人生的機會有很多，錯過了這一個並不等於我們一輩子就沒機會了，因為每一個人的未來都有無限的可能。

想像一下，如果你一生平淡無奇，沒有忽然出現的小挫折，也沒有任何風浪或驟雨，日子是不是很無趣呢？

少了困苦的遭遇，我們很難懂得什麼才是最值得珍惜的，少了貧困時的艱辛考驗，我們很難體會生命原來是這樣珍貴。

小路上，有個肩挑沉重木柴的孤獨身影，那是個駝了背的老人家，雖然人生已經走到尾聲，但是仍然願意靠自己的力量努力生活著。

不過，這一天他看起來神情十分疲憊，似乎已經負荷不了肩上的擔子，再加上水和食物都已經吃完了，他雖然強忍著口渴和飢餓繼續前進，但始終不敵身心俱疲的煎熬。

最後，老人家再也走不動了，放下了肩上的擔子，嘆了口氣說：「唉！老天爺啊！我辛苦了大半輩子，這樣艱苦的日子到底何時才能得到解脫哪！」

就在這個時候，死神聽到了老人的嘆息聲，立即現身問道：「朋友，想要我幫助你解脫嗎？」

老人一看見死神，忽然精神一振，說道：「不，我還不想跟你走。雖然我已經筋疲力盡了，但是我還撐得下去，能不能請您幫忙我一件事，麻煩您將擔子再放到我的肩上吧！」

老人家走了大半人生，當然會忍不住發聲埋怨，想像他駝背的身影，在那不經意的嘆息聲中，我們也不難體會到每個人面對艱苦生活時，心中那些難以克服的疲憊與無助感。

但是，再艱難的日子必能走過，因爲我們的生命一直握在自己手中，關於這一點，故事中的老人家更是清楚。所以，當死神前來慰問時，他堅決地拒絕了死神的邀請，甚至還請死神幫助他，讓「苦難」再次壓在他的身上，好讓他繼續面對人生的磨練，也繼續享受活著的幸福滋味。

離開故事回到現實生活中，我們看著那些因爲受不了艱苦磨練的人選擇提前離開這個世界，除了心生惋惜之外，是否更想對他們說：「笨蛋，生命這樣美好，怎能如此輕易地放棄呢？」

其實，人生的機會有很多，錯過了這一個並不等於我們一輩子就沒機會了，因爲每一個人的未來都有無限的可能。不過，想擁有這些無限的機會人，別忘了一個很重要的前提：「無論如何，請好好地活下去！」

「面對」是解決難題的最好方法

不管你逃避多久，問題終究仍得解決，與其不敢面對而長久失眠、困擾，不如面對面把事情解開，讓心情坦然、舒暢。

生命歷程難免會遭遇失敗與挫折，只會自暴自棄的人最終必然遭到大環境淘汰；與其抱怨、退縮，不如勇敢面對，把眼前面臨的困局，當成讓自己蛻變的難得機會。

面對困厄顛沛的困局，還能不屈不撓奮戰到底，甚至懂得感謝眼前的困境，才是眞正令人感佩的人。

也許，現在的你遇到了生命中無法突破的瓶頸，或遇上了工作上難以解決的難題，但是，別擔心，只要你能把事情攤開，一一抽絲剝繭，再大的問題都能迅速解決。

說不定，在拆解之後，你將發現一切原來都只是小事一樁。

在一個退休多年的老船長身邊，正圍繞了許多人，他們正全神貫注地聆聽老船長講述一生的航海歷程和奇遇，其中最引人入勝的是，遇上暴風雨的那段驚險遭遇。

當老船長談及海上不可預測的天氣，有人插嘴問他說：「如果，你在海上收到了氣象報告，預先知道前方正有一個巨大的暴風圈迎面而來，請問，你會如何處理？」

老船長聽完之後，微笑地看著發問的人，反問他道：「如果是你的話，你會怎麼辦呢？」

這個人說：「當然折返啊！將船頭掉轉一百八十度，並加緊速度遠離暴風圈，這才是最好的方法吧？」

老船長搖了搖頭說：「不行，就算你緊急掉頭，暴風圈仍然會迎頭趕上。雖然這麼做，可以拉長船隻與暴風圈接觸的時間，但卻是非常危險的方法。」

另外一人接著說：「那麼，如果將船頭向左或向右轉九十度，試著脫離暴風圈的威脅呢？」

老船長仍然搖搖頭說：「還是不行，如果這樣做的話，只是將船身整個轉成側向而已，這樣一來反而會讓船身更暴露在暴風雨的肆虐中，會增加船與暴風圈接觸的面積，反而增加危險。」

衆人不解，皆問：「這些方法都不行，那應該怎麼做呢？」

老船長道：「只有一個方法，就是抓穩你的舵，讓你的船頭不偏不倚地迎向暴風圈。唯有這樣，才能把接觸的面積化爲最小，而船身則會與暴風圈結合在一起，減少與暴風圈接觸的時間。很快地，你便能安然地衝過暴風圈，迎接蔚藍的晴天。」

當大家聽到這裡時，全被老船長長年鍛鍊出來的航海智慧深深折服，忍不住都起身喝采。

思想家家阿米爾曾經說過一番膾炙人口的話：「懂得如何在逆境中過日子，不僅是智慧的傑作，同時也是人生這部著作中，最難撰寫的篇章。」

人接受教育，學習知識常識，最積極的意義其實在於如何面對困境。積極勇敢的人受到痛苦擺佈的可能性，相對比較小。因爲，他們往往會像老船長所說的，迎向人生的風暴，縮短風暴襲擊自己的時間。

當人生的風暴來襲時，你如何面對？

一定有人轉身逃跑，或是站在原地不知所措，當然更有人會正面迎接，謹慎地面對的困難，一一加以解決。

不管你逃避多久，問題終究仍得解決，與其不敢面對而長久失眠、困擾，不如面對面把事情解開，讓心情坦然、舒暢。

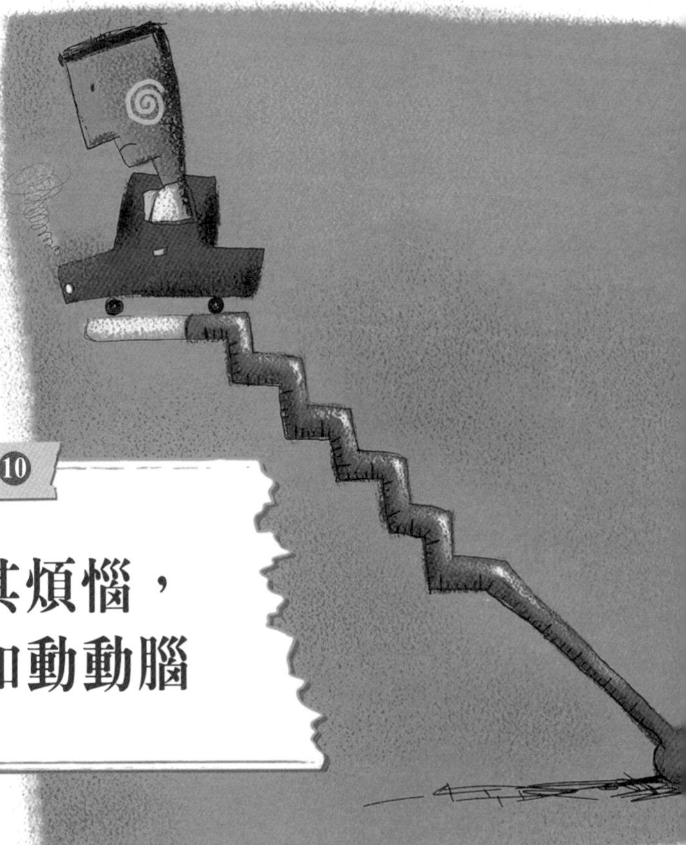

PART 10

與其煩惱，不如動動腦

不必太過煩惱外界所產生的問題，
只需要「相信」：
相信自己一定能輕鬆迎戰、輕鬆因應，
也相信自己一定能排除萬難。

別擔心，你的努力一定會被看見

在工作環境中，真正應該擔心的是能否享受到工作時的樂趣，能否敞開心盡情地釋放熱情，讓實力與潛力發揮到極致。

你經常擔心自己付出的努力別人看不見嗎？也很擔心自己付出了那麼多，卻得不到應有的回報嗎？

別再浪費心思煩惱這樣的問題，凡事盡力去做就對了，因爲當你忘情於工作之中，自然會散發出認眞生活的光彩，旁人一定會看見你的努力付出。

年邁體衰的龜丞相已決定告老還鄉，頤養天年。

但是，東海龍王在批准辭呈時，又交給他最後一項任務：「丞相，你身邊哪一位助手最適宜接替你的職務呢？」

龜丞相思索了良久，最後回答說：「大王，我一時之間也答不上來，請您讓我回去好好想一想。」

龜丞相尋思：「螃蟹與烏賊都是我最得力的助手，兩個人不僅都精明能幹，而且對東海龍王都同樣忠心，唉，這實在太難選擇了。」

老蚌得知朋友正爲此事苦惱，便體貼地爲老朋友想出一個辦法。牠對龜丞相說：「那還不簡單，你看誰進步比較多，就選擇誰囉！」

「是啊！我怎麼沒想到呢？」龜丞相十分贊同朋友的想法。

從那天起，牠每天都很細心觀察身邊的兩個助手，不久牠發現到，螃蟹每天上完朝後，就回到自己的辦公室處理公務，而牠的辦公室總是收拾得十分乾淨。

最特別的地方是，在牠辦公室的牆上掛了一張表格，上面詳細地寫著東海龍王今年出訪南海、北海等的時間，以及相關的注意事項。

至於烏賊，上完朝後都到龍宮附近遊玩閒逛，直到欣賞完美景之後才回辦公室工作。

在仔細觀察的同時，龜丞相還發現，烏賊原來是個不太清廉的官，只見牠逛完一圈，那八隻手中忽然出現了一顆小珍珠，還有從其他小蝦小魚們那兒得到的小禮物。

「烏賊花了那麼多時間在遊樂上，當然無暇顧及工作，更別提管理能力了！朋友，你就提拔螃蟹吧！你看，螃蟹在辦公室中掛的那張圖，便是在向大家暗示他『勤懇工作，努力上進』的生活態度啊！」老蚌說。

於是，螃蟹順理成章地成爲東海龍王的丞相，至於烏賊，在螃蟹就任的那一天同時被貶爲庶民。

比較一下烏賊和螃蟹的工作態度，想必你也發現了其中差異。在烏賊的散漫態度和螃蟹的認真表現中，我們也得到了這麼一個啓發：生活中，我們真正應該

擔心的，不是人們是否看得見自己的努力付出，而是要時時提醒自己生活的態度是不是眞的夠用心、夠認眞。

對大多數的主管來說，評選人才其實一點也不難，對於那些只知利用小聰明投機取巧的人，他們一試便知；當然，對於那些努力上進的人，他們更是盡收眼底，毫無遺漏。

所以，別再擔心人們看不見自己的努力，因爲聰明的人都知道，在工作環境中，眞正應該擔心的是能否享受到工作時的樂趣，能否敞開心盡情地釋放對工作的熱情，並讓自己的實力與潛力發揮到極致。

看看螃蟹認眞條列的行程表，再回頭評審你我的生活安排，不知道你是否發現了生活停滯不前的問題所在了，還是能自信滿滿地鼓勵自己：「從現在開始，我會一直努力下去，因爲我知道，總有一天人們會看見我的付出！」

自己的問題要靠自己解決

微笑面對問題，既然問題在你我的身上發生，那麼我們自然能找到解決問題的最好辦法，因為這也是潛藏在你我生命中的本能之一。

經常爲生活中的細事傷腦筋，以及喜歡替別人操心的人，都必須記住一個原則：「生命中的痛苦並非必然的結果，幸福亦非遙不可及，全看自己用什麼態度去塗畫自己的生活和工作，每個人的問題都必須自己設法解決。」

不要讓自己依賴成性，也不要老愛幫別人解決問題，因爲一旦依賴成性，發生問題時，這類人都很容易變得閃躲，不肯面對問題。

所以，與其幫別人或期待別人幫我們把問題解決，不如學著相信自己，肯定自己，並且給自己正確的生活態度。

下一次，當我們遇到困難時，第一件要做的事是告訴自己：「這個問題我一定可以自己解決！」

有一天，烏龜太太帶著全家大小到公園遊玩，回家時，烏龜太太突然覺得身體發癢，於是趕緊叫女兒來幫忙：「孩子，快點將妳的手伸進我衣裡，幫我抓一抓，媽咪的背有些癢。」

龜女兒看見媽媽那樣難受，便急忙將小手伸到媽媽背上，很認眞也很小心地抓搔媽媽的背部。

但是不知道爲什麼，無論龜女兒怎麼抓，就是抓不到媽媽發癢的位置，她在媽媽的背上來回抓了三四次，一次也沒抓著。

烏龜太太著急地說：「快，快叫妳爸來幫我吧！」

烏龜先生也著急地過來幫忙，但是龜爸爸的情況也好不到哪裡去，神經更粗的他找了近半個小時，都沒能抓著烏龜太太的發癢處。

只見烏龜太太生氣地說：「你們兩個眞是糟糕，和我這樣親近，怎麼連這點兒小事都幫不了？唉！」

這時，烏龜太太只好自己伸手去抓，雖然有點不方便，但只見她稍稍地抓了兩下，身上的癢便停止了。

你是不是也曾像烏龜太太一樣，經常將事情託付給身邊的人，但不知何故，到頭來我們還是得靠自己完成？

原因其實很簡單，因爲只有我們自己最清楚眞正的問題所在。

雖然，我們可以找理由請求別人幫忙，但是我們更要明白一件事，所有問題的根源始終出在我們的身上，無論別人多麼熱心幫忙，還是很難體察我們眞正要面對、解決的問題關鍵。

這種情況就像故事中的烏龜太太一樣，身上發癢的地方只有她自己感受得到，其他人的手很難準確地抓到眞正的發癢處，畢竟那種痛癢的感受並不是發生在他們的身上。

把故事的寓意加以延伸，我們也領悟到一件事，那便是：「自己的問題要靠自己解決。」

所以，在我們尙未親自面對問題並親自嘗試解決前，都不應該將問題丟給別人去煩惱，因爲那不僅會讓我們少了一次經驗的累積，甚至還會耽誤了我們抵達夢想的時間。

微笑面對問題，既然問題在你我的身上發生，那麼我們自然能找到解決問題的最好辦法，因爲這也是潛藏在你我生命中的本能之一。

只要不遺棄自己，就沒人能遺棄你

這個世界從不遺棄我們，真正放棄希望的人其實是我們自己；這個世界上更沒有人可以否定我們，只要你我不再否定自己！

有位成功的企業家說：「失敗者往往是熱度只有五分鐘的人，成功者往往是堅持到最後五分鐘的人！」

堅持下去絕非難事，因爲任何生命都有著非常堅強的求生本能，只要不放棄，事情總能照著我們所期望的達成。

炙熱的太陽將沙子曬得滾燙，有一群駱駝正在杳無人煙的沙漠中行進，由於已經在沙漠中長途跋涉好幾天了，再加上飲用水幾乎快喝光了，口乾舌燥的牠們心中正盼望著：「哪裡有綠洲啊？哪裡有水啊？」

水是駱駝們穿越沙漠的信心源泉，更是在大漠中求生的重要目標。

這時領隊的駱駝老爹從背上解下一桶水，然後對大家說：「這是最後一桶水，我想請大家等到最後一刻再喝，不然我們都會沒命。」

駱駝們明白地點了點頭，繼續著這趟艱難的行程，那桶水則成了牠們唯一的希望。看著那只沉重的水桶，駱駝們的心中無不對自己說：「我一定能撐到最後一刻的！」

駱駝們的耐力雖強，但始終敵不過酷熱的天氣，有隻駱駝實在受不了了，向領隊哀求道：「老爹，讓我喝口水吧！」

「不行！這水要等到最艱難的時刻才能喝，再堅持一下，你一定可以辦到的。」駱駝老爹微慍道。

就這樣，在駱駝老爹堅決回絕下，一隻隻口渴想喝水的駱駝，只得硬著頭皮再堅持下去。

直到某一天黃昏，大家再也無法支撐下去了。

就在這個時候，駱駝們發現老爹不見了，只留下一只水桶孤零零地立在前面的沙漠中，在水桶邊的沙地上，老爹留下了一行字：「我已經不行了，你們帶著這桶水上路吧！你們一定要記得，走出沙漠之前，誰也不能喝這桶水，這是我最後的命令。」

爲了大家能活下去，老爹將僅有的一桶水留了下來，駱駝們一想到老爹爲牠們犧牲了，心中都十分悲痛，壓抑著內心的悲傷繼續前進。

至於那只沉甸甸的水桶，則在每隻駱駝的手裡依次傳遞著，但誰也捨不得打開喝一口，因爲牠們知道，這是駱駝老爹用自己的生命換來的。

最後，駱駝們終於掙脫了死亡，堅強地穿越大漠，找到綠洲，這一刻牠們全都喜極而泣，也突然想起了駱駝老爹留下的那桶水。

但是，就在牠們打開桶蓋時卻發現，從裡頭流出來的竟是一桶沙子！

在這個勵志故事中，你是否已解出其中旨意？

沒錯，「堅持到最後一秒」正是駱駝老爹給伙伴們的臨終訓示，因爲牠知道，所有生命都有著十分堅強的求生本能，只要能給予明確的生存目標，讓他們懷抱生之希望，生命潛能自然會支持他們到最後。

延伸到日常生活中，你是否也和我一樣看見了生命的希望？

這個世界從不遺棄我們，因爲眞正放棄希望的人其實是我們自己；這個世界上更沒有人可以否定我們，只要你我不再否定自己！

當老爹留下最後希望目標時，我們似乎也聽見牠正提醒著我們：「孩子們，努力活下去吧！生命奇蹟全靠你自己去創造，堅持下去，只要你不輕易吐出嘴裡的那一口氣，很快地你就能來到夢想的綠洲。」

一股作氣，創造生活的奇蹟

如果有股熱力在你體內轉動，別再遲疑，快積極走出去吧！若不好好把握住，那難得的積極活力很快就會消失不見了。

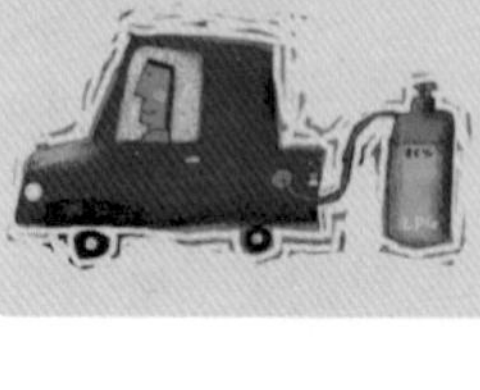

當活力出現的時候，我們便要順著這股力量奮力前進，因爲在生命中，若能一股作氣堅持下去，爆發出來的能量往往超乎我們的想像。

如果，此刻的你正有股欲罷不能的動力，那麼請別再遲疑，快步向前邁去，因爲接下來，你可能將創造出連你都感到不可思議的生命奇蹟！

曾經是著名歌唱家的蟋蟀，如今已年邁體衰，甚至連拿起麥克風都顯得有點力不從心。螞蟻醫生聽聞蟋蟀的情況後，立即前去探望牠，順便幫這位歌唱家找出身上的毛病。

蟋蟀看見螞蟻醫生來探望，臉上滿是喜悅的神情，只是，患有嚴重關節炎的牠，出現時雖有兒子攙扶行走，但是走起路來還是會不停地顫抖，甚至頭還不時地前後晃動。

螞蟻看了很是心疼，心中更是感慨著：「唉，牠眞的老了。」

歌唱家的確很老了，但是，這樣的身體狀況似乎未擊倒這位老歌唱家，因爲牠一看見螞蟻，便立即說：「我要唱一首歌給你聽。」

「不用了，您身體要緊，我是來替您看病的。」螞蟻很清楚蟋蟀的身體狀況，因此連忙婉拒牠的好意。

但是蟋蟀卻執意要唱，衆人怎麼勸說都沒有用，最後螞蟻只得上前扶助牠，讓牠能站穩腳跟暢快歌唱。

音樂響起，就在這一瞬間，奇蹟竟然發生了！

只見老蟋蟀整個人像突然變了身，無論是精神或力氣，全變得像年輕人似的，牠那飛揚的神采與活力十足的肢體動作，令在場的人全都吃驚地張大了嘴巴，讚嘆聲連連。

蟋蟀穩穩地站在牠的舞台上，身子隨著音樂輕輕擺動，原來僵硬的腿忽然間全舒展了開來。牠激昂地唱著熟悉的曲目，整個人可說是與音樂融合在一塊了，音樂讓牠得到了重生的力量。

就在這首歌唱完後，蟋蟀完全變了，再也不會全身顫抖，走路也不需要兒子的扶持，當天晚上，甚至還爬出洞穴，到牆邊散步。

螞蟻點著頭說：「這是音樂激起了牠對生活的信念，更是這股信念喚起了牠對生命的熱情。」

在這個擬人化的故事中，我們不僅感受到生命的熱情，也更加感受到生命的無限可能。想像著小小蟋蟀的身影，也想像著牠引吭高歌時的模樣，透過這個故事的寓意，似乎讓你我更加輕易地了解到「生命的無限可能」。

因爲日積月累的專業能力，讓老歌唱家原本垂垂老矣的狀態瞬間消失，也因爲對過往夢想的熱情不減，讓老歌唱家再度挺直了腰，再次站上牠專屬的人生舞台，讓生命中最燦爛的時刻精采重現。

仔細感受蟋蟀的活力，此刻的你是否也熱血沸騰了起來，也想立即跨出步伐，站上屬於你的舞台，並用生命高歌一曲屬於你自己的旋律呢？

如果，眞有這樣一股熱力在你體內轉動，那麼請千萬別再遲疑，快積極地走出去吧！因爲，若是你不好好把握住這個片刻，那難得的積極活力很快就會消失不見了。

把恐懼轉化為生活的動力

當我們遇到難題時，最後的焦點是否也經常落在「困難」那一面，而看不見真正應該聚焦的夢想目標上？

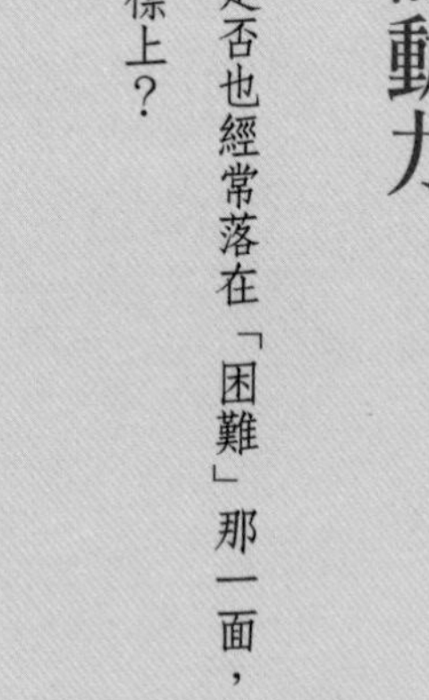

沒有經歷任何困難的人，無法培養出面對問題的勇氣與機智，所以我們遇到危機與艱難時，應該感到開心而非傷心。

沒有經歷過艱困的磨練，我們很難了解如何才能將面對難題時所產生的恐懼轉化爲生活的動力。

無論哪一個情況，我們只需要讓自己擁有正面積極的態度，相信恐懼只存在一瞬，困難始終都會走過！

有位國王爲了幫公主物色到才德兼備的駙馬爺，發出公告要求國內所有符合年齡、資格的年輕人，必須在指定的時間到指定的地點參加競賽活動。貌美如花的公主果然很有魅力，比賽當天吸引了幾千名勇士前來競爭，但是當他們仔細觀察了比賽場地後，全都開始退縮。

原來，國王想出了一個怪招，這個場地是個很大的水池，他和公主坐在水池中的一座小島上，想一親芳澤的勇士得先下水，然後游泳到小島上。

比賽看起來很簡單，但事實上一進到水池後麻煩就出現了。當年輕勇士們準備下水之際，水底立即出現翻動，池子裡滿是一隻隻飢餓的鱷魚。望著遠方的美麗公主，勇士們以爲簡單的挑戰，因爲鱷魚而變得困難重重。

正當衆人面面相覷、不知所措時，水面上突然傳出「撲通」一聲，竟是一名勇士猛地跳入水池中，接著便見他飛快地揮動手腳，拚了命地游向水中的小島。至於鱷魚群一時之間竟反應不過來，因爲這名勇士游得十分迅速，牠們甚至來不及反應，看來突來的一聲巨響嚇著牠們了！

一眨眼工夫，年輕的勇士已經登上小島，國王高興地站了起來，大聲喊道：「太好了！這位勇士快換衣服吧！你可以立即和公主成親。」

但是，就在這個時候，年輕人卻氣喘吁吁地對國王說：「國王請您等一下，先將成親之事放在一旁，因爲我要先搞清楚一件事……」

只見年輕人噓了一口氣，然後大聲地朝著岸邊大聲喊叫著：「到底是哪一個傢伙把我推進水池的！」

看到故事結局時，你是否也忍不住開懷大笑了起來？不過，暢快大笑之後，從故事中你得到了什麼樣的啓發？

從挑戰者的眼中，我們先是看見了漂亮公主的身影，跟著則轉換成可怕的鱷魚身型，表面上看似是環境的轉變，但事實上，問題的關鍵並不在此，而是在「目標」的轉移。

如果勇士們眼中的目標從未改變，自然不會被眼前的困難阻擋，就像莫名被推下水的年輕人，雖然心中有著恐懼，但爲了「活下去」的終極目標，不僅無暇顧及身邊的危機，更得將害怕轉化爲求生動力，全力往前衝。

結果，不僅讓他換得了生存下去的機會，也讓他抱得美人歸，雖然最後一刻他仍然生氣地質問陷害他的人，但在質疑別人的同時，他其實更該感謝推他下水的人，不是嗎？

試想，若不是這個意外，他又怎能證明自己原來有如此潛能？

藉這個故事反觀自己，當我們遇到難題之時，最後的焦點是否也經常落在「困難」那一面，而看不見眞正應該聚焦的夢想目標上？

大多數人都需要一點「刺激」來激勵自己。遇到強勁的阻力，有些人反而會正面迎戰，考驗自己的耐力到底有多強韌，更有些人一遇到困難反而顯得活力十足，因爲他們知道，再也沒有什麼情況比遇到難題更能激發潛能！這種正面積極的態度才是面對難題時應有的正確觀念！

生活有目標，生命才不會空轉

生命一旦失去了方向和目標，生活等同於一種「囚禁」，渾渾噩噩地捱過一天又一天，即便再樂觀的人也受不了虛耗時光的感受。

有人說，生活漫無目標的人等同於行屍走肉，那是因爲在他們的眼神中，我們只看得見茫然，看不見生命的光彩。

那有目標的人呢？當然不一樣了，我們不僅每天會看見他炯炯有神的眼眸，還會看見他如陽光般燦爛的笑容，只因他知道：「我的夢想旅程又將開始，只要能朝著目標前進，終能看見我夢想的天地！」

城裡，有匹馬和一頭驢子是極好的朋友，每天馬兒都得出外拉車，驢子則在家中拉石磨。

不久，這匹馬被一位將軍選中，將和這名將軍一同到沙場上作戰。

馬兒跟隨著將軍征戰各地，也爲將軍立下了不少汗馬功勞。

三年後，這匹馬載著勝利的光芒與輝煌的功績回鄉，當牠與將軍再次回到京城時，與老朋友驢子再度重逢了。

馬兒忍不住對驢子談起這些年來的征戰經歷：「我們曾走過一望無際的草原，也曾走過風塵漫舞的沙漠，還見到了千年不化的冰雪……等等各種美不勝收的大自然景色。」

聽著馬兒豐富的閱歷與走過如神話般的世界，驢子十分著迷與羨慕，忍不住嘆道：「你眞幸福，能有這麼豐富的見聞，可以走那麼遙遠的路，看見那樣寬廣且多元的世界，唉，這些我連想都不敢想哪！」

「朋友，我們所走的路程其實大致相等啊！我知道，當我和將軍轉戰各地的時候，你的步伐一刻也沒有停過。但你和我最大的不同是：我和將軍都有一個遠大的目標，即消滅所有的敵人和對手，我們的前進是爲了打開一個廣闊的世界；反觀你，只能蒙著眼睛圍著石磨打轉，怎麼也走不出這塊狹隘的天地。」馬兒對朋友說。

很簡單的一則故事，但隱藏其中的寓意卻十分深刻，不知道聰明的你是否已經有所領悟了？

當我們將馬兒在沙場上積極奔馳前進的景象與驢子盲目兜圈一比較，不難看出故事的最終旨意：「給自己一個明確的生活目標，積極前進！」

沒有人能盲目地生活一輩子，生命一旦失去了方向和目標，每天的生活等同於一種「囚禁」，有些人甚至比犯人的情況還糟。因爲大多數的囚犯至少還有一個離開鐵牢的期待目標，但反觀失去生活目標的人，每天渾渾噩噩，捱過一天又一天，即便再樂觀的人也受不了虛耗時光的感受。

所有人都很努力地生活著，也很努力地想給自己的人生有個不平凡的成就，但在這條付出相同努力的道路上，有人始終走不到盼望的終點，原因無他，只因他們都像驢子一樣，蒙著雙眼前進，也漫無目標地前進，全然不知道自己竟是在原地踏步啊！

如果，不希望自己活了大半輩子，最終的感觸竟是一句「後悔當初」，那麼我們不妨先停下步伐，一同看清楚眼前的問題，也一同找出你我這一生眞正想達成的夢想目標吧！

與其煩惱，不如動動腦

不必太過煩惱外界所產生的問題，只需要「相信」：相信自己一定能輕鬆迎戰、輕鬆因應，也相信自己一定能排除萬難。

遇到問題時，傷透腦筋的你都怎麼「解題」？

是像大多數人這麼想：「怎麼辦？竟會這麼倒楣遇到麻煩。」

還是懂得告訴自己：「沒關係，我一定能把問題解決！」

所謂的「難題」大都是自己想像出來的，遇到難題時，我們應該換一個角度思考：「別再煩惱問題爲何出現了，先把問題解決了再說。」

這天，獅王命令胖猩猩和瘦猴子去另一個動物王國推銷國產啤酒。

不過，問題來了，因爲這個王國裡的動物們竟不習慣喝啤酒，該國國王甚至還說：「啤酒？我才不喝，一股尿騷味臭死人了！」

更糟糕的情況是，這個國王後來還頒佈禁止命令：「從此以後，不准外地啤酒在本國販售。」

胖猩猩在了解當地風俗與法令後，哀嘆地說：「這裡的動物又不喝啤酒，牠們怎麼會來買我的啤酒呢？」於是選擇放棄，就此回報獅王。

那瘦猴子呢？牠的情況卻與胖猩猩相反，當牠發現這個國家的動物不喝啤酒後，竟欣喜萬分地對國王說：「大王，那裡的動物都不喝啤酒，而且該國國王還頒佈了不准喝啤酒的禁令，換句話說，當地肯定沒有啤酒製造廠，只要我們能打入這個市場，必定能大發利市。」

不久，瘦猴子親自去拜訪當地國王，並向牠推銷：「大王，啤酒可說是一種液態麵包，具有相當高的營養價值，顏色雖呈淡黃，不過卻足以與玉皇大帝飲用的玉液瓊漿媲美呢！如果您不相信，不妨讓大臣們試喝看看。」

國王聽瘦猴這麼說，心也跟著動搖了起來，最後同意讓烏龜等一幫大臣們試喝看看。

國王這個決定令曾經到訪瘦猴子家鄉的烏龜大臣開心不已，因爲牠十分懷念啤酒的滋味，當年到那裡訪問時，牠便曾親自參與當地居民邊喝啤酒邊跳舞的快樂生活方式。因此，牠很快地便將啤酒一口飲盡，接著也附和瘦猴子的推薦，努力地說服國王解除禁令。

結果，瘦猴子果真成功地打開了該動物王國的市場，當地動物們很快便愛上了啤酒的滋味，不久之後，瘦猴子還在當地設置了一個專屬的啤酒生產線，從此成爲該國的第一啤酒品牌。至於瘦猴子自己，除了得到獅王的嘉獎之外，更成爲專門負責國外啤酒生產線的總理大臣。

兩個不同的思考角度造成了兩個不同的結果，如果相同的問題發生在你身上，你會做出什麼樣判斷？

從胖猩猩的角度來探討，我們發現並不是現實環境有問題，而是牠缺乏突破的企圖心，因爲當我們對照瘦猴子的突破企圖時，我們便明白「事在人爲」的道理，凡事都一定有解決辦法，就怕我們一味退縮，不肯跨步向前。

當瘦猴子成功地解開「禁酒」命令時，你是否也領悟到，原來生活中眞的沒有什麼不可能的事！

儘管這個世界瞬息萬變，但無論環境怎麼變動，也全是跟著人類的需要與不需要而改變。我們不必太過煩惱外界所產生的問題，只需要「相信」：相信自己一定能輕鬆迎戰、輕鬆因應，也相信自己一定能排除萬難，並自在地跨越過所有的阻隔與阻擋。

換個角度面對難題，你會發現一切都能迎刃而解！

你也可以成為自己的貴人

能助人等於在救助自己，只因「助人」與「報恩」的動作根本是一體兩面的，想遇見貴人，你便得先成為別人的貴人！

很多人都爲了自己欠缺貴人而大傷腦筋，但是，你知道每個人的身邊，至少都有一位生命中的貴人嗎？

別瞪大了眼急著搜尋，因爲那個人就是你自己！

我們常說要「做自己的靠山」便是這個道理，凡事從自己開始，先能救助自己，然後才能救人，有能力救人，我們才能在困難的時候得到人助！

有隻口渴的螞蟻著急地來到水邊，只是頭才剛探入水中，一陣強風猛地颳來，竟將準備埋頭喝水的螞蟻整隻颳進水中。

這時，有隻在樹上休息的鴿子，一看見螞蟻跌入水中，連忙摘下身邊的一片樹葉，然後迅速地朝著水中的螞蟻身邊拋去。

葉子不偏不倚地落在螞蟻的身邊，只見螞蟻努力地爬上葉子，並再次靠著風的力量，平安地漂到水岸邊。

「謝謝您！」螞蟻對鴿子說。

鴿子回應：「舉手之勞，不必言謝！」

但對螞蟻來說，性命畢竟是鴿子救起來的，這個恩情萬萬不能忘記！

不過，小螞蟻雖然有心要報答，一時之間卻想不出要如何報恩。

就在這個時候，前方來了一個獵人，機警的螞蟻立即察覺到：「糟了！他的目標是鴿子！」接著，便見獵人將手上的鳥網悄悄地張了開來，雙腳也小心地移動到鳥兒的身邊。

那小螞蟻呢？

只見牠也悄悄地爬到獵人身上，當獵人以爲萬無一失時，螞蟻則準備好，在他身上狠狠地咬一口。

「啊！」獵人痛得大叫了一聲！

這個叫喊聲立刻驚醒了鴿子，只見鴿子立即飛到另一棵更高的樹上，與此同時，牠也發現正在獵人身上爬行的小螞蟻。

「謝謝你！」鴿子對著螞蟻叫喊了一聲。

「這是我唯一能做的。」螞蟻謙虛地說。

很溫暖的一則小故事，在兩個強調「簡單心思」的主角身上，我們看見的不只是助人的滿足，也看見了與人互助時激發出來的無限潛力。

或許從旁觀者的角度看起來，螞蟻的報恩有些微渺，但是，若能試著從小螞蟻的角度去感受，相信我們不難感受到其中引爆出來的力量有多大。

一個是舉手之勞，一個是用盡有限的力量奮力一搏，在你看來，這個互動有著什麼樣的意義與啓發？

在這個人人行色匆匆社會中，不少人，或者也包括你我，很多時候連舉手之勞也不願付出，更何況是將人們曾經給予的幫助銘記心中。

「勿以善小而不爲」，幫助別人就等於在救助自己，只因「助人」與「報恩」的動作根本是一體兩面啊！

有位智者說：「想遇見貴人，你便得先成為別人的貴人！」

就像鴿子一般，如果不是牠先成爲小螞蟻的「貴人」，小螞蟻怎麼有機會成爲鴿子生命中的「貴人」，不是嗎？

認真生活便是人生最大的成就

不要用結果來論英雄，更不要用結果論來評斷人們付出的努力，試著給人們多一點鼓勵，我們便會看見自己的生命價值。

生活的價值並不存在於結果裡，而是在於我們付出的過程中，如何認定自己所得到的。價值在於自我的判定，我們怎麼認定自己的生命價值，那麼我們的價值便值多少。

所以，認眞生活就對了，因爲我們眞正需要的，不是多麼風光的喝采聲，而是充實且無悔的心。

勇猛的貝貝剛剛當選動物王國的第一百零八屆國王，獅子家族正在河岸邊舉辦一場盛大的慶功宴。

森林電視台的山羊記者也到場採訪，而難得參與這樣盛大聚會的貝貝母親也來了，不過她似乎不大自在，當貝貝其他長輩們大聲誇讚貝貝時，她卻躲在角落裡，默默不語。

山羊記者抓緊機會上前採訪，他首先稱讚著：「夫人，您有貝貝這樣的兒子眞是幸運，您一定非常自豪吧！」

「是的。」貝貝的母親微笑點頭。「不過，我還有一個兒子也同樣使我感到自豪。」貝貝的媽媽又立即補充說。

山羊記者一聽，連忙追問：「是嗎？眞沒想到您的孩子都這麼能幹，不知道他是做什麼的？」

母親溫柔地回答：「他正在山上狩獵。」

我們都苦惱著，應該有什麼樣的結果才能算是功成名就？

或許有人會認爲，就是要像故事中的貝貝般成爲森林之王才算成功；也有人認爲，名與利同時雙收，能夠得到衆人們的歡呼與欣羡眼光，才算是享受成就感的眞正時候。

但事實上眞的是這樣嗎？

當母獅向記者提到家中還有另一位成就非凡的孩子時，你是否也好奇著牠們家中竟還有另一位「名人」？

但是，當母獅說出牠正在山上努力狩獵時，你心中是否響起了這樣一個聲音：「不過是個小小的獵人嘛！」

在這個習慣以名聲和財富作爲評斷標準的世界裡，我們經常爲了成就高低傷腦筋，忽略了生命的眞諦。

人生最重要的不在於結果，而在於付出的過程，一如故事中獵人的地位也許不如國王顯赫，但對獅子家來說，如果不是孩子努力地狩獵，努力地背負起供應食物的工作，貝貝又怎麼能安穩地發展自己，得到如此成就？

從母獅子的角度觀察，我們不難體會到母獅的寓意：「只要每個孩子都能努力活著，無論他們擁有什麼樣的結果，我們都應該給予肯定，並讓他們知道，在我們的心中，他們永遠都是最棒的！」

不要用結果來論英雄，更不要用結果論來評斷人們付出的努力，試著給人們多一點鼓勵，也多一些肯定的聲音，能夠這樣看待人生，我們便會看見自己的生命價值。

生活良品

59

折磨你的人，就是你的貴人：
超越困境篇

作　　者　凌　越
社　　長　陳維都
藝術總監　黃聖文
編輯總監　王郡凌
出 版 者　普天出版家族有限公司
　　　　　新北市汐止區忠二街 6 巷 15 號
　　　　　TEL / (02) 26435033 (代表號)
　　　　　FAX / (02) 26486465
　　　　　E-mail：asia.books@msa.hinet.net
　　　　　http://www.popu.com.tw/
　　　　　郵政劃撥 19091443 陳維都帳戶
總 經 銷　旭昇圖書有限公司
　　　　　新北市中和區中山路二段 352 號 2F
　　　　　TEL / (02) 22451480 (代表號)
　　　　　FAX / (02) 22451479
　　　　　E-mail：s1686688@ms31.hinet.net
法律顧問　西華律師事務所・黃憲男律師
電腦排版　巨新電腦排版有限公司
印製裝訂　久裕印刷事業有限公司
出 版 日　2022 (民 111) 年 11 月第 1 版
ＩＳＢＮ◎978-986-389-843-6　　條碼 9789863898436
Copyright©2022
Printed in Taiwan, 2022 All Rights Reserved

■ 敬告：
本書著作權受著作權法保護，任何形式之侵權行為均屬違法，一經查獲絕不寬貸。

國家圖書館出版品預行編目資料

折磨你的人，就是你的貴人：超越困境篇／
凌越著.—第 1 版.—：新北市,普天出版
民 111.11 面；公分. - (生活良品；59)
ＩＳＢＮ◎978-986-389-843-6 (平裝)

普天之下・盡是好書
普天出版家族 Popular Press Family
凌雲文創 A-Plus Creative Company